Qui, que, quoi, quand ?

Das Frankreich-Quiz

Janine Bruchet-Collins

W0198847

Langenscheidt

Berlin · München · Wien · Zürich · New York

Qui, que, quoi, quand ?

par
Janine Bruchet-Collins

Dessins : Bruno Conquet
Photos : J. Bruchet (p. 39, 41)
F. Gerbert (p. 11,102)
Carte de France (p. 112) : W. Wildermuth u. Polyglott Kartographie

Umwelthinweis: gedruckt auf chlorfrei gebleichtem Papier

© 2003 Langenscheidt KG, Berlin und München
Druck: Druckhaus Langenscheidt, Berlin
Printed in Germany
ISBN 3-468-49891-8
www.langenscheidt.de

2. 3. 4. 5. * 07 06 05 04

Introduction

Vous voulez tout savoir sur la France et les Français ? Vous voulez vous entraîner systématiquement, apprendre la géographie, l'histoire, la culture française ? Vous voulez passer de bons moments amusants et en même temps enrichissants ?
En classe comme à la télévision ! Faites le quiz ! Il n'y a pas d'argent à gagner, mais 500 points et vous deviendrez riches … de connaissances !

Comment jouer

– Choisissez parmi les 12 chapitres le thème qui vous intéresse.

– Jouez ensemble !
Un *jeu* d'équipes introduit les thèmes et le vocabulaire du chapitre. Vous êtes seul/e ? Ce n'est pas grave : le jeu peut être fait individuellement.
Un pas de plus vous propose une tâche plus difficile ou une variante du jeu.

– Répondez aux questions.
Prenez la parole, discutez entre vous ! Puis vérifiez les réponses. Elles sont correctes ? Bravo ! Lisez tout de même les solutions (à la fin des chapitres). Vous y trouverez plein d'informations complémentaires.

Vous pouvez répondre aux questions individuellement ou en équipes, ce qui est plus amusant. Chacun apporte ses connaissances. On discute ensemble, en français naturellement.

– Comptez vos points.
Chaque chapitre se compose de cinq groupes de cinq questions à 1 point et de cinq questions, plus difficiles, à 3 points.
En conclusion, répondez aux *Questions pour un champion*, les quatre questions finales à 5 points.

Comment devenir un champion

Faites le point sur vos connaissances : c'est à vous maintenant, en petits groupes, de préparer cinq questions sur le même chapitre et de les poser à vos « adversaires ». Qui gagnera ?

Alors, bon courage et … amusez-vous bien !

Contenu

1. La France

Bingo !

Choisissez 8 mots de la liste ci-dessous et écrivez-les sur une feuille de papier. Le professeur va lire, au hasard, les définitions des mots de la liste. Barrez chaque mot de votre liste correspondant à une définition lue. Celui qui a barré ses 8 mots, crie : Bingo !

Les mots :

le tournesol	le camembert	le midi	la corrida	la Loire	
les huîtres	les Pyrénées	la mer	le miel	la Bourgogne	
Avignon	Versailles	le volcan	la côte	Saint-Malo	le mouton

Les définitions :

1. C'est un fromage français.
2. Le taureau est le héros de cette fête.
3. C'est un grand fleuve français.
4. C'est une fleur jaune soleil.
5. Ce sont des montagnes près de l'Espagne.
6. Par exemple, la Manche entre la France et l'Angleterre.
7. Ce sont des animaux qu'on mange vivants !
8. C'est ce qu'on dit pour parler du sud de la France.
9. C'est une région qui produit du vin.
10. Se dit pour parler des bords de mer. Elle peut être normande, bretonne, atlantique, méditerranéenne ou d'Azur.
11. Attention, ça colle !
12. On danse sur son pont.
13. Des pirates ont habité cette vieille ville bretonne.
14. Un grand château près de Paris.
15. Il jette du feu, de la lave, des gaz. Ou bien il dort. Ou bien il est éteint.
16. On mange ses côtelettes et ses gigots et on en fait de la laine.

Un pas de plus…

Prenez la carte de France de la page 112. A tour de rôle, posez une question sur la géographie de la France à votre voisin/e.

Géographie

1. Combien de pays ont une frontière commune avec la France ?

a. Cinq.

b. Huit.

2. La France a…

a. 5000 km de côtes.

b. 3000 km de côtes.

3. Y a-t-il des glaciers en France ?

a. Oui, dans les Alpes.

b. Oui, dans les Vosges et dans les Alpes.

4. Y a-t-il des volcans en France ?

a. Oui, inactifs, en Auvergne.

b. Oui, dans le Jura.

5. Y a-t-il assez souvent des tremblements de terre ?

a. Oui, en Bretagne.

b. Oui, dans les Alpes.

I. La Gascogne est…

a. un fleuve.

b. une région.

Villes et régions

Dans quelle région se trouve…

6. Rouen ?

a. En Normandie.
b. Dans le Périgord.

7. Lille ?

a. En Lorraine.
b. Dans le Nord.

8. Rennes ?

a. En Bretagne.
b. En Gascogne.

9. Avignon ?

a. En Provence.
b. En Franche-Comté.

10. Dijon ?

a. Dans le Languedoc-Roussillon.
b. En Bourgogne.

II. Laquelle de ces trois villes n'est pas en France ?

a. Aix-les-Bains.
b. Aix-la-Chapelle.
c. Aix-en-Provence.

Le climat

Vrai ou faux ?

11. Sur la Côte d'Azur, il ne pleut pas beaucoup au printemps et en automne, en moyenne deux jours par mois.

a. Vrai. b. Faux.

12. En été, il fait très chaud à Saint-Malo. En moyenne 30 degrés.

a. Vrai. b. Faux.

13. Le Mistral est un vent très fort qui souffle de Montpellier à l'Espagne.

a. Vrai. b. Faux.

14. En hiver, on peut faire du ski de fond près de Boulogne-sur-Mer.

a. Vrai. b. Faux.

15. En hiver, il fait plus chaud à Paris qu'à Versailles (à environ 20 km).

a. Vrai. b. Faux.

III. On peut faire du ski à Annecy en été.

a. Vrai. b. Faux.

Les animaux

16. Il y a des moutons de prés-salés…

a. dans le Pays Basque.

b. au bord de la Manche.

17. Il y a des élevages d'huîtres…

a. sur la côte atlantique près d'Arcachon.

b. près de Nice.

18. Dans la ville de Paris…

a. il y a des abeilles qui font plus d'une tonne de miel par an.

b. il y a un élevage d'autruches qui produit 400 œufs par an.

19. Il y a des ours…

a. dans les Pyrénées.

b. dans le Massif Central.

20. On fait le foie gras…

a. avec du porc.

b. avec des oies.

IV. Pour quel animal organise-t-on des fêtes dans le sud de la France ?

a. Le chat.

b. Le taureau.

La végétation

Complétez.

21. L'olivier pousse…
22. On récolte bananes et ananas…
23. La truffe se récolte principalement…
24. On cultive la betterave à sucre…
25. Le riz est cultivé…

a. à la Martinique.
b. en Camargue.
c. en Provence.
d. en Dordogne.
e. dans la moitié nord de la France.

La montagne Sainte-Victoire près d'Aix-en-Provence

V. La France est le premier producteur de l'Union Européenne de tournesol.

a. Vrai. b. Faux.

Solutions

Bingo :
1. le camembert 2. la corrida
3. la Loire 4. le tournesol
5. les Pyrénées 6. la mer
7. les huîtres 8. le midi
9. la Bourgogne 10. la côte
11. le miel 12. Avignon
13. Saint-Malo 14. Versailles
15. le volcan 16. le mouton

1.b La France a une frontière avec la Belgique, le Luxembourg, l'Allemagne, la Suisse, l'Italie, Monaco, l'Andorre, l'Espagne.

2.b

3.a A Chamonix, par exemple.

4.a Près de Clermont-Ferrand, se trouve le parc naturel des volcans. En Auvergne on appelle les volcans des *puys*.

5.b Les Basses-Alpes, la Provence et les Pyrénées sont des zones sensibles. Dans ces régions, les nouveaux immeubles sont généralement anti-sismiques.

I.b La Gascogne est une région du Sud-Ouest.

6.a

7.b

8.a

9.a

10.b

II.b En allemand, Aachen.

11.b A Nice, il pleut en moyenne 6 jours par mois au printemps ou en automne. Par contre, en été, il fait très chaud et très sec. Il y a souvent des incendies dans les forêts.

12.b En Bretagne, le climat est doux et modéré. La température moyenne à Saint-Malo est de 17 degrés en août et de 5 degrés en janvier.

13.b Le Mistral descend la vallée du Rhône. La Tramontane est un vent qui souffle dans la région comprise entre la Costa Brava espagnole et Montpellier.

14.b Près de la mer ou de l'océan, il fait relativement doux. A Boulogne-sur-Mer, la température moyenne en janvier est de 4 degrés et en juillet de 16 degrés.

15.a Il fait toujours quelques degrés de plus en ville qu'à la campagne.

III.a On peut faire du ski nautique sur le lac, mais on ne peut pas faire de ski alpin à Annecy en été.

16.b Autour du Mont-Saint-Michel, par exemple. Certains champs sont recouverts par la mer. Ils sont donc *salés*. On appelle les moutons qui s'y trouvent des moutons de prés-salés. Leur chair a une saveur particulière, très appréciée.

17.a Sur la côte de l'Atlantique et de la Manche (à Cancale, par exemple), il y a des élevages d'huîtres.

18.a Il y a des ruchers dans les jardins du Luxembourg (dans le Vème arrondissement) et dans le parc Citroën.

19.a L'ours est en France un animal menacé. Il y en a une dizaine dans le Béarn, et aussi quelques-uns réintroduits, dans les Pyrénées.

20.b Pour faire du foie gras, spécialité gastronomique du Périgord, on gave les oies et aussi les canards. Leur foie devient 5 à 10 fois plus gros qu'un foie normal.

IV.b Dans le Pays Basque et dans le Languedoc, à Arles, par exemple, il y a des corridas mais on ne tue pas le taureau.

21.c
22.a
23.d
24.e
25.b
V.a

Comptez vos points :

	Questions à 1 point	Questions à 3 points	Résultat
Géographie			
Villes et régions			
Le climat			
Les animaux			
La végétation			

Total : ____________

2. Les régions

Le jeu du bac

Au hasard, on donne une lettre, par exemple M. En petits groupes, vous avez alors 10 minutes pour compléter ce tableau avec des mots commençant par M.
Comparez ensuite vos listes avec les autres groupes et corrigez-vous. Le groupe qui a le plus de points a gagné !
Recommencez ensuite avec une autre lettre !

La France

	M	...	...	...
Ville				
Région				
Montagne				
Fleuve				
Mer				

Un pas de plus

Vous pouvez faire ce jeu avec d'autres sujets. Par exemple, la cuisine (entrées, plats, desserts, boissons), les lieux dans la ville, les animaux, les plantes.

Douce France

1. La France est surnommée…

a. l'Hexagone. — b. le Pentagone.

2. Cinq fleuves traversent la France. Ce sont : la Loire, le Rhône, la Seine, le Rhin et…

a. l'Escault. — b. la Garonne.

3. Les Pyrénées sont…

a. des montagnes. — b. une île.

4. Comment s'appelle la mer entre la France et l'Angleterre ?

a. La Manche. — b. La mer du Nord.

5. La plus grande île de France métropolitaine est…

a. Jersey. — b. la Corse.

I. Les gorges du Tarn sont-elles…

a. des collines ? — b. un canyon ?

De quelle région s'agit-il ?

6. **Des ports – des falaises – le tunnel sous la Manche – la betterave à sucre – des industries. C'est…**

a. le Nord. — b. la Bretagne.

7. **Des vins blancs – le Parlement Européen – des petites montagnes – la frontière – des industries. C'est…**

a. la Lorraine. — b. l'Alsace.

8. **Des volcans – les eaux minérales – les pneus Michelin – le thermalisme. C'est…**

a. la Savoie. — b. l'Auvergne.

9. **Des festivals – Marseille – les Romains – Van Gogh – le rosé. C'est…**

a. la Côte d'Azur. — b. la Provence.

10. **Des vins – des plages – du gaz – du papier. C'est…**

a. l'Ile-de-France. — b. l'Aquitaine.

II. Où se trouve la région nommée PACA ?

a. Dans le Sud-Ouest. b. Dans le Sud-Est.

Les transports

Vrai ou faux ?

11. Marseille, Le Havre et Rennes sont des ports français.

a. Vrai. | b. Faux.

12. On passe au péage…

a. sur les autoroutes. | b. dans les aéroports.

13. Pour aller de Paris à Bordeaux (579 km) en TGV, il faut…

a. trois heures. | b. quatre heures.

14. Les routiers sont des chauffeurs de taxi.

a. Vrai. | b. Faux.

15. Le plus grand aéroport français s'appelle Charles-de-Gaulle.

a. Vrai. | b. Faux.

III. Dans la ville de Paris, il y a plus de 350 stations de métro.

a. Vrai. b. Faux.

Villes et population

16. Combien de grandes villes y a-t-il dans le département de la Seine ?

a. Une seule.

b. Une vingtaine.

17. Combien de personnes vivent dans la ville de Paris ?

a. Plus de 2 millions.

b. Plus de 5 millions.

18. Combien de personnes vivent en Ile-de-France, c'est-à-dire dans les départements de la région parisienne ?

a. Plus de 15 millions.

b. Plus de 10 millions.

19. Qu'est-ce que les agglomérations de Lyon, Marseille, Lille ont en commun ?

a. Elles sont traversées par le Rhône.

b. Elles ont environ un million d'habitants.

20. La région métropolitaine où il y a le moins d'habitants est…

a. La région Rhône-Alpes.

b. Le Limousin.

IV. Il y a le plus grand nombre de retraités…

a. dans la moitié nord de la France.
b. dans la moitié sud de la France.

Gastronomie régionale

Devinettes

21. Quelle ville française est célèbre pour sa salade ?

22. Je suis une ville de Provence et je porte le nom d'un fruit et d'une couleur. Je suis…

23. Qu'est-ce que le bleu d'Auvergne ? Une tranche de bœuf ou un fromage ?

24. Je peux être bourguignonne ou savoyarde. Qui suis-je ?

25. Je suis l'entrecôte bordelaise. Avec quoi prépare-t-on ma sauce ?

V. Je suis une boisson à l'anis mais je suis alcoolisée. On me boit beaucoup dans le Midi. Qui suis-je ?

Solutions

1.a *Hexa* signifie « six » en grec (*penta*, « cinq »).

2.b L'Escault est en Belgique.

3.a Les Pyrénées se trouvent à la frontière espagnole. Le point le plus haut, le pic d'Aneto (3404 m), est en Espagne.

4.a

5.b La Corse (8570 km^2) est une île de la Méditerranée. Elle fait 185 km de long sur 85 km de large. Elle a une population de 241 000 habitants. Elle est divisée en deux départements : la Haute-Corse et la Corse-du-Sud. Ses villes principales sont : Bastia et Ajaccio.
La plus grande île française se trouve en Nouvelle-Calédonie (territoire d'outre-mer). C'est Grande-Terre qui fait 16 375 km^2. Ensuite viennent la Réunion (TOM) avec 2510 km^2, la Guadeloupe (DOM) avec 1709 km^2, la Martinique (DOM) avec 1100 km^2 et enfin, en Polynésie (TOM), Tahiti avec 1042 km^2.
(Jersey est une île anglo-normande qui fait partie de la Grande-Bretagne).

I.b Le Tarn est une rivière. C'est aussi un département dans le Midi. Il coule dans une vallée profonde de 400 à 600 m, très touristique. Il se jette dans la Garonne.

6.a Le Nord
Ports : Boulogne, Calais, Dunkerque
Falaises : Cap Gris-Nez (50 m de haut)
Industries : sidérurgie, textile, industries alimentaires (bière, sucre, farine), automobile (Renault-Nissan)
En Bretagne, il n'y a pas de falaises calcaires mais des rochers de granit. Pour l'agriculture: pas de betterave à sucre mais élevage pour le lait et la viande (bœuf et porc) et culture de légumes et primeurs.

7.b L'Alsace
Strasbourg : Parlement Européen
Montagnes : une partie des Vosges (Le Ballon de Guebwiller, 1428 m)
Industries: métallurgie, industries alimentaires, pétrolières et chimiques
Secteur tertiaire très développé
La Lorraine, au nord-ouest de l'Alsace, s'étend du Luxembourg jusqu'aux Vosges. Il n'y a pas de vignobles très connus.

8.b L'Auvergne
Volcans : parc naturel des volcans
Eaux minérales : Vichy, Volvic
Thermalisme : Vichy, Mont-Dore

Michelin : premier producteur mondial de pneus, à Clermont-Ferrand
La Savoie se trouve dans les Alpes.
Ses eaux minérales : Evian
Thermalisme : Evian-les-Bains, Aix-les-Bains

9.b La Provence
Festivals : Aix-en-Provence pour la musique (depuis 1948), Avignon pour le théâtre (depuis 1947), Arles pour la photo.
Monuments romains : le pont du Gard, les arènes de Nîmes, de nombreux vestiges à Arles et Aix-en-Provence.
Van Gogh a habité à Arles et à Aix-en-Provence. Il a peint de nombreux tableaux de la région.
Les vins les plus connus sont les côtes-de-provence. Ce sont des vins rosés, rouges et blancs.
La Côte d'Azur s'étend de Cassis (à l'est de Marseille) à Menton.
Festivals : Cannes pour le cinéma, Juan-les-Pins/Antibes pour le jazz.
Monuments romains : à Fréjus, à La Turbie (le Trophée des Alpes).

10.b L'Aquitaine
Les vins : les bordeaux
Les plages : Biarritz, Arcachon
Le gaz : le gaz naturel est exploité à Lacq.
Le papier : fabriqué à partir des pins des forêts des Landes
L'Ile-de-France est la région parisienne.
Il n'y a pas de plages, pas de vins connus. (Sauf à Montmartre !)

II.b C'est la région Provence-Alpes-Côte d'Azur.

11.b Marseille est le premier port français; Le Havre, le deuxième.
Rennes se trouve en Bretagne mais ce n'est pas un port.

12.a La plupart des autoroutes sont payantes.

13.a La vitesse moyenne du TGV est de 300 km/h.
Autre exemple de trajet : Paris-Lyon se fait en 2 heures.

14.b Les routiers conduisent des camions appelés souvent poids lourds.

15.a Charles-de-Gaulle ou Roissy-Charles-de-Gaulle fait partie des aéroports de Paris ou ADP. Charles-de-Gaulle et Orly arrivent ensemble en deuxième place européenne, après Londres, pour les transports de passagers internationaux.

III.a On a ouvert la première ligne de métro en 1900.

16.a La ville de Paris forme le département de la Seine.

17.a Au dernier recensement, il y avait 2 125 000 habitants à Paris.

18.b Au dernier recensement, il y avait 10 952 000 habitants en Ile-de-France.

19.b Nombre d'habitants des agglomérations de...
Lyon : 1 349 000 habitants
Marseille : 1 350 000 habitants
Lille : 950 000 habitants

20.b Le Limousin (départements de la Corrèze, de la Creuse et de la Haute-Vienne) compte 700 000 habitants. La région Rhône-Alpes, avec plus de 5 millions d'habitants, est la plus peuplée après l'Ile-de-France.

IV.b Les retraités préfèrent le Limousin, le Languedoc-Roussillon, le Midi-Pyrénées, la Provence-Alpes-Côte d'Azur.

21. Nice, célèbre pour la salade niçoise composée de laitue, tomates, olives, œufs durs, thon et mayonnaise.

22. Orange (ville touristique avec de beaux monuments d'époque romaine).

23. Le bleu d'Auvergne est un fromage de cette région, appelé ainsi à cause de son aspect bleu.

24. La fondue.
La fondue savoyarde est un plat de fromage fondu (gruyère et deux autres fromages) au vin blanc.
La fondue bourguignonne se fait avec du bœuf. Chacun prend un morceau de viande crue, le met dans de l'huile bouillante et le mange avec différentes sauces.

25. L'entrecôte bordelaise se prépare avec une sauce au vin rouge, en principe du bordeaux.

V. Le pastis. C'est un apéritif. Il se boit avec de l'eau et des glaçons.

Comptez vos points :

	Questions à 1 point	Questions à 3 points	Résultat
Douce France			
De quelle région s'agit-il ?			
Les transports			
Villes et population			
Gastronomie régionale			

Total : ____________

3. La République française

Pile ou face ?

Vous jouez à deux. Il vous faut une pièce de monnaie. Lancez la pièce de monnaie. Pile ou face ? Pile veut dire « aller 2 cases en avant ». Face, « aller une case en avant ».
Si vous arrivez sur une case avec une question, répondez. Votre réponse est bonne ? Alors jouez encore une fois.
Si vous tombez sur les cases « Bonne chance » ou « Pas de chance », suivez les flèches. Qui arrivera le premier ?

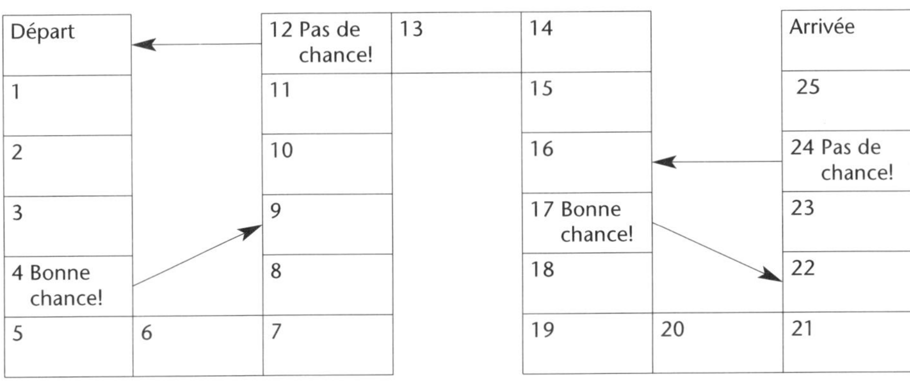

1. Comment s'appellent les habitants de Marseille ?
3. Quel mot général donne-t-on pour « passeport », « carte d'identité »… ?
5. Citez un sigle (c'est-à-dire un mot formé par des initiales).
6. Qui sont les Toulousains ?
7. Le Vaucluse est-il une île ou un département ?
10. Comment s'appelle le Président de la République ?
11. Comment s'appelle la montagne française la plus haute ?
14. Imitez une personnalité française. Les autres devinent de qui il s'agit.
15. Citez un musée parisien.
16. Citez un pays qui touche la France.
18. Renoir est-il un peintre ou un écrivain ?
20. A quoi peut-on comparer la Tour Eiffel ?
21. Chantez une chanson française.
23. Citez un artiste français.

La République

1. **Comment s'appelle l'hymne de la France ?**

a. La Marseillaise.
b. La Parisienne.
c. La Toulousaine.

2. **Quelle est la devise de la France ?**

a. Liberté, Prospérité, Egalité.
b. Liberté, Union, Egalité.
c. Liberté, Egalité, Fraternité.

3. **Quelles sont les couleurs du drapeau français ?**

a. Bleu, blanc, rouge.
b. Bleu, blanc, vert.
c. Vert, blanc, rouge.

4. **Dans chaque mairie, la République est représentée par une sculpture. C'est…**

a. un coq qui chante.
b. le buste d'une femme.
c. le buste du Président de la République.

5. **Le Président de la République habite à…**

a. l'Elysée.
b. Versailles.
c. Fontainebleau.

I. La France est une république depuis…

a. 1945.
b. 1900.
c. 1789.

La France métropolitaine

6. La France est en superficie…

a. le plus grand pays de l'Europe occidentale.

b. le deuxième pays après l'Espagne.

7. Il y a deux fois moins d'habitants au km² en France qu'en Allemagne.

a. Vrai.

b. Faux.

8. Il y a 20 régions administratives. Elles datent de Napoléon.

a. Vrai.

b. Faux.

9. En France métropolitaine, il y a…

a. 96 départements.

b. 100 départements.

10. Les langues régionales sont : l'alsacien, le basque, le breton, le catalan, le corse et l'occitan.

a. Vrai.

b. Faux.

II. Qui sont les Franciliens ?

a. Les habitants de Franche-Comté. b. Les habitants d'Ile-de-France.

La France des records

Vrai ou faux ?

11. La France remporte le record européen d'altitude ! Le Mont-Blanc fait 3802 m.

a. Vrai. b. Faux.

12. Les Européennes qui vivent le plus longtemps sont les Françaises. En moyenne, 82 ans.

a. Vrai. b. Faux.

13. La France est le pays le plus visité du monde par les touristes.

a. Vrai. b. Faux.

14. Ce sont les Français qui consomment le plus de tranquillisants et somnifères dans le monde.

a. Vrai. b. Faux.

15. Les Français sont les seuls Européens qui dépensent plus pour l'habillement que pour le logement.

a. Vrai. b. Faux.

III. On a vendu aux enchères une bouteille de bordeaux au prix record d'environ 150 000 euros.

a. Vrai. b. Faux.

L'Etat

16. Tous les Français votent pour…

a. le président.

b. le Premier ministre.

17. Le président est élu pour…

a. 5 ans.

b. 4 ans.

18. A la tête de chaque département il y a…

a. un préfet.

b. un conseiller.

19. A la tête de chaque ville ou village il y a…

a. un député.

b. un maire.

20. Pour pouvoir voter pour l'Assemblée Nationale, il faut…

a. être français et avoir 18 ans ou plus.

b. être français ou habiter en France et avoir 18 ans ou plus.

IV. Qu'appelle-t-on un fonctionnaire ?

a. Une personne employée par l'Etat.

b. Un chef de groupe employé par l'Etat ou une firme privée.

Une spécialité française : les sigles

Associez le sigle à sa définition.

21. Appartement (à loyer modéré) loué par la ville — a. Le PS

22. A Paris et dans la banlieue, le métro express régional — b. Le RER

23. Firme nationale chargée des trains et chemins de fer français — c. Les HLM

24. Train à grande vitesse — d. Le TGV

25. Parti socialiste — e. La SNCF

V. Que signifie R. F. ?

a. Régie française. b. République française.

Solutions

Pile ou face : 1. les Marseillais 3. les papiers 5. Exemples: le TGV, le RER, la SNCF 6. les habitants de Toulouse 7. Le Vaucluse est un département qui se trouve dans le Midi. 10. En 2003, Jacques Chirac. 11. le Mont-Blanc 15. Exemples: le Louvre, le musée d'Orsay, la Cité des Sciences et de l'Industrie, le musée de l'Homme, le musée Marmottan (œuvres de Monet), le musée Rodin 16. la Belgique, le Luxembourg, la Suisse, l'Italie, l'Espagne 18. Renoir est un peintre du 19ème siècle. 20. On peut comparer la Tour Eiffel à un phare ou à une échelle qui monte dans le ciel. 23. Quelques artistes français
– pour le cinéma : Catherine Deneuve, Gérard Depardieu ;
– pour la chanson : Francis Cabrel, Patricia Kaas, Alain Souchon, Johnny Halliday

1.a La Marseillaise est un chant qui date de la Révolution de 1789. Il a été écrit par Rouget de L'Isle. Comme il était chanté par une troupe de Marseillais, on l'a nommé la *Marseillaise*.

2.c Cette devise date de la Révolution de 1789.

3.a

4.b L'allégorie de la République est une femme portant le bonnet des révolutionnaires de 1789-1792. On l'appelle Marianne.

5.a Le palais de l'Elysée se trouve à Paris. Le château de Fontainebleau a été occupé par François 1er et par Napoléon.

I.c

6.a La France fait 550 000 km^2. Elle se place devant l'Espagne (506 000 km^2), la Suède (450 000 km^2) et l'Allemagne (357 000 km^2).

7.a Il y a en France 107 habitants au km^2 contre 229,7 en Allemagne et 77,9 en Espagne.

8.b Il faut faire la différence entre régions administratives et régions géographiques. Il y a 22 régions administratives. Elles datent de 1955. Leur création répond au besoin de décentralisation de la France. Napoléon, pour mieux contrôler le pays à partir de Paris, l'avait découpé en 96 départements qui existent toujours.

9.a Aux 96 départements métropolitains, il faut ajouter les quatre départements d'outre-mer, les DOM (la Guadeloupe, la Martinique, la Guyane, la Réunion, les territoires d'outre-mer, les TOM, (les îles de la Polynésie et la Nouvelle-Calédonie), et les collectivités territoriales (Saint-Pierre et Miquelon).

10.a L'alsacien est la langue régionale la plus parlée.

II.b Les habitants de Franche-Comté sont des Francs-comtois.

11.b Le Mont-Blanc fait 4802 m d'altitude.

12.a

13.a Environ 70 millions de touristes viennent en France chaque année. (Source : Organisation Mondiale du Tourisme)

14.a

15.b En France, comme dans tous les pays industrialisés, les dépenses pour l'habillement diminuent chaque année. Dans le budget des ménages, le logement arrive en première position, l'habillement en dernière position.

III.a Il s'agit d'une bouteille de Château-Lafite (Bordeaux) datant de 1787, aux initiales T. J. (Thomas Jefferson), futur président des Etats-Unis). Elle a été achetée par Malcolm Forbes, à Londres le 5 décembre 1985 pour 167 693 euros. (Source : *Quid*)

16.a Le président nomme le Premier ministre.

17.a

18.a

19.b Le maire est élu par le conseil municipal qui est lui-même élu par les habitants.

20.a

IV.a

21.c H = habitation

22.b R = réseau

23.e Société nationale des chemins de fer français

24.d

25.a

V.b

Comptez vos points :

	Questions à 1 point	Questions à 3 points	Résultat
La République			
La France métropolitaine			
La France des records			
L'Etat			
Les sigles			

Total : ____________

4. La société

Le tennis parlé

Formez des équipes de 4 à 5 personnes. Le professeur lance un mot, par exemple *habiter*.
Chaque équipe doit, à tour de rôle, proposer un mot de la même famille.
Exemple : *un habitant, une habitation*
Comptez un point par mot juste. Qui va gagner ?

travailler
mariage
divorcer
étude
jardinage
bricolage
collectionneur
chasser
acheteur
nation
____
____
____
____
____

habitabilité [abitabilite] *f* **1.** Bewohnbarkeit *f*; **2.** *d'un véhicule etc* Geräumigkeit *f*
habitable [abitabl(ə)] *adj* bewohnbar; ***surface*** *f* **~** Wohnfläche *f*
habitacle [abitakl(ə)] *m* **1.** *MAR* Kompaßhaus *n*; **2.** *AVIAT* Pi'lotenkanzel *f*; *d'un engin spatial* Kom'mandokapsel *f*; *AUTO* Fahrgastraum *m*, -zelle *f*
habit|ant [abitã] *m*, **~ante** *f* **1.** *d'un pays, d'une ville* Einwohner(in) *m(f)*; *d'un pays, d'une île a* Bewohner(in) *m(f)*; **~ *d'Europe centrale*** Mitteleuropäer(in) *m(f)*; **~ *d'une grande, petite ville*** Groß-, Kleinstädter(in) *m(f)*; ***nombre*** *m* ***d'habitants*** Einwohnerzahl *f*; ***loger chez l'habitant*** pri'vat wohnen; ein Pri'vatquartier haben; **2.** *d'un immeuble* Bewohner(in) *m(f)*
habitat [abita] *m* **1.** (*mode de peuplement*) Siedlung(sweise *f*, -wesen *n*) *f*; **2.** (*conditions de logement*) Wohnverhältnisse *n/pl*; *par ext* (*logement*) Wohnung *f*; *coll* ***l'~ ancien*** Altbauwohnungen *f/pl*; **3.** *BOT, ZO* Standort *m*
habitation [abitasjõ] *f* Wohnung *f*; **~ *à loyer modéré*** (*abr* **H.L.M.**) Sozi'alwohnung *f*; *pl a* sozialer Wohnungsbau; ***conditions*** *f/pl* ***d'~*** Wohnverhältnisse *n/pl*; *locaux* ***à usage d'~*** zu Wohnzwecken
habité [abite] *adj* **1.** *maison, village* bewohnt; **2.** *engin spatial* bemannt
habiter [abite] **I** *v/t* **1.** bewohnen; wohnen in (+*dat*); **~ *Paris, la campagne, la ville*** in Paris, auf dem Land, in der Stadt wohnen; **2.** *fig peur, passion* **~ *qn*** j-n beherrschen; *st/s* in j-m wohnen; **II** *v/i* wohnen; **~ *à Paris, à la campagne, en ville*** in Paris, auf dem Land, in der Stadt wohnen; **~ *au quatrième*** im vierten Stock, in der vierten Etage, vier Treppen hoch wohnen; *par ext* ***aller ~ en province*** in die Provinz ziehen

Aus: Langenscheidts Handwörterbuch Französisch

Un pas de plus

Les familles de mots, c'est formidable ! Il suffit de connaître un mot et vous pouvez en comprendre deux, trois ou quatre !
Refaites une partie, mais cette fois chacun lance un mot. Vous pouvez vous servir d'un dictionnaire.

La vie des Français en chiffres

1. **Il y a en France…**

a. 39 millions d'habitants.
b. 60 millions d'habitants.
c. 65 millions d'habitants.

2. **Combien de Français habitent en Ile-de-France (c'est-à-dire sur 2% du territoire) ?**

a. 3%.
b. 10%.
c. 20% des Français.

3. **La majorité des Français (80%) se disent catholiques. Combien pratiquent ?**

a. 11,5%.
b. 40%.
c. 60%.

4. **Sur 100 travailleurs, combien y a-t-il d'étrangers ?**

a. 6.
b. 12.
c. 25.

5. **Sur 100 Français, combien vivent en ville ou zone urbaine ?**

a. 8.
b. 35.
c. 80.

I. **Sur 100 foyers (ou familles), combien ont acheté leur maison ou appartement ?**

a. 40. b. 60. c. 70.

La famille

Vrai ou faux ?

6. Environ 40% des enfants naissent de parents non mariés.

a. Vrai.
b. Faux.

7. A 21 ans, presque la moitié des garçons vivent avec leurs parents.

a. Vrai.
b. Faux.

8. La Française a en moyenne 2,1 enfants.

a. Vrai.
b. Faux.

9. Un foyer sur quatre a un ou plusieurs animaux familiers.

a. Vrai.
b. Faux.

10. Une Française sur deux travaille.

a. Vrai.
b. Faux.

11. C'est plus souvent l'homme que la femme qui demande le divorce.

a. Vrai.
b. Faux.

L'école

11. L'école est obligatoire…

a. de 6 à 16 ans.
b. de 6 à 18 ans.

12. Les élèves de 6 à 12 ans vont en classe…

a. le matin.
b. le matin et l'après-midi.

13. Il n'y a pas classe…

a. le samedi.
b. le mercredi après-midi.

14. On commence à apprendre l'anglais…

a. à l'école primaire.
b. au collège.

15. L'examen nécessaire pour entrer à l'université s'appelle…

a. le CAP.
b. le bac.

III. On appelle *grande école*…

a. une école pour les élèves de plus de 16 ans qui veulent continuer jusqu'au baccalauréat.
b. une institution parallèle à l'université réservée aux meilleurs étudiants.

Le travail

16. En entreprise, on travaille…

a. 35 heures par semaine.

b. 38 heures par semaine.

17. Les vacances sont de…

a. 4 semaines.

b. 5 semaines.

18. La retraite est à…

a. 58 ans.

b. 60 ans.

19. Le congé parental de 2 ans est destiné…

a. aux femmes avec un jeune enfant.

b. aux femmes ou aux hommes avec un jeune enfant.

20. Une femme active sur trois travaille à temps partiel.

a. Vrai.

b. Faux.

IV. La CGT est…

a. une banque.

b. un syndicat.

Table et loisirs

Chassez l'intrus.

21. Les Français boivent de moins en moins de :

vin – champagne – eau.

22. Ils mangent de moins en moins de :

pain – gâteaux – charcuterie.

23. Généralement, pendant le repas du soir :

ils bavardent – ils lisent – ils regardent la télévision.

24. Ils lisent des quotidiens :

Libération – Le Parisien – Le Nouvel Observateur – Le Figaro.

25. Les femmes lisent la presse féminine :

Marie-Claire – L'Equipe – Gala – Notre temps.

V. Les loisirs que les Français préfèrent sont :

les collections – le jardinage – le bricolage.

Solutions

1.b
2.c
3.a
4.a Aux Etats-Unis, 12 travailleurs sur 100 sont des étrangers. En Australie, 25 sur 100. (Source : OCDE)
5.c En 200 ans, les campagnes ont perdu 10 millions d'habitants et les zones urbaines en ont gagné 35 millions.
I.b

6.a La majorité des jeunes souhaitent fonder une famille mais la moitié seulement par mariage.
7.a A 21 ans, 45% des garçons contre 30% des filles vivent avec leurs parents. (Source : *Quid*)
8.b La Française a en moyenne 1,75 enfants. Ce n'est pas suffisant pour le renouvellement des générations.
9.b Un foyer sur deux a un animal familier.
10.a % des femmes actives : Union Européenne : 45,6% – Danemark : 59% – France et Allemagne : 48,2% – Grèce : 36,2%. (Source : Bureau International du Travail)
II.b 68% des femmes qui divorcent travaillent. (Source : *Quid*)

11.a
12.b
13.b Le samedi matin, il peut y avoir classe. A l'école primaire, le mercredi est entièrement libre.
14.a A l'école primaire, les cours de langue sont facultatifs. En principe, on peut choisir l'anglais, l'allemand ou une autre langue.
15.b Le bac ou baccalauréat permet d'entrer à l'université. Le CAP est un certificat d'aptitude professionnelle.
III.b Pour entrer dans une grande école comme HEC (Ecole des hautes études commerciales), X (Polytechnique), l'ENA (Ecole Nationale d'Administration), il faut passer un concours qui se prépare en un ou deux ans après le baccalauréat. Comme le nombre de places est limité, on n'accepte que les meilleurs élèves.

16.a Depuis janvier 2000.
17.b
18.b
19.b
20.a
IV.b CGT ou Confédération Générale du Travail

21. vin
Ils boivent de moins en moins de vin et de plus en plus d'eau et de champagne.

22. pain
Ils mangent de moins en moins de pain et de plus en plus de charcuterie.

23. lisent
Pendant le dîner, 58% des Français bavardent, 31% regardent la télévision, 1% seulement lisent. Combien bavardent en regardant la télévision tout en mangeant ? Mystère !

24. *Le Nouvel Observateur* : hebdomadaire d'informations générales.

25. *L'Equipe* : journal de sports.
Remarque : *Notre temps* est un magazine qui s'adresse aux personnes retraitées. Beaucoup de femmes le lisent.

V. Les collections (loisir pratiqué par 23% des Français).
85% des Français disent préférer le bricolage, 73% écouter ou faire de la musique. 60% font du jardinage.
(D'après *Francoscopie*)

Comptez vos points :

	Questions à 1 point	Questions à 3 points	Résultat
La vie des Français – en chiffres			
La famille			
L'école			
Le travail			
Table et loisirs			

Total : ____________

5. Le tourisme

Les monuments parisiens

a) De quels monuments parisiens s'agit-il ?

b) A tour de rôle, deux par deux, choisissez un monument ou un quartier de Paris. Décrivez-le à l'ensemble de la classe qui doit deviner de quoi il s'agit.

(La Concorde, l'Obélisque, les Champs-Elysées, Notre-Dame, les Invalides, Montmartre, la Défense, le Marais, le Pont-Neuf, le bois de Boulogne, le Luxembourg, les galeries Lafayette ...)

Connaissez-vous la France ?

Chassez l'intrus en expliquant pourquoi. Travaillez deux par deux. Vous pouvez vous aider d'une carte ou d'un dictionnaire. Quel groupe finira le premier ?

1. Ile de Ré – la Corse – Noirmoutier – Hyères – Chamonix – Ouessant
2. Chambord – Blois – Chenonceaux – Biarritz – Amboise – Tours
3. Valence – Orange – Arles – Carnac – Avignon – Lyon

Un pas de plus

Faites vous-même des listes de 5 mots comprenant des intrus et présentez-les aux autres participants.

Curiosités touristiques

De quelles curiosités touristiques s'agit-il ?

1. **Sur cette petite île normande se trouve une très belle abbaye. C'est…**

   a. Noirmoutier. — b. le Mont-Saint-Michel.

2. **Ce château se trouve sur les bords de la Loire, dans une forêt. Il est d'époque Renaissance. C'est…**

   a. le château de Chambord. — b. le Petit Trianon.

3. **A Carnac, en Bretagne, il y a des pierres datant de la préhistoire dressées dans les champs. On les appelle…**

   a. les alignements. — b. les menhirs d'Obélix.

4. **Dans ces grottes préhistoriques, en Dordogne, on peut voir des peintures d'animaux sur les murs. Ce sont…**

   a. les grottes de Lascaux. — b. les caves d'Epernay.

5. **Cet amphithéâtre construit par les Romains, pouvant contenir 24 000 spectateurs, se nomme…**

   a. l'avant-scène de Lutèce. — b. les arènes de Nîmes.

I. Où Charlemagne a-t-il été couronné empereur ?

a. Dans la cathédrale de Reims. b. Aux Saintes-Maries-de-la-Mer.

Paris

De quels monuments ou lieux parisiens s'agit-il ? Associez la description au monument.

6. Avec ses coupoles blanches, elle domine Paris.

7. Ce palais est aujourd'hui le plus célèbre musée de Paris.

8. Napoléon l'a fait construire pour célébrer ses victoires militaires.

9. C'est une grande avenue avec de nombreux magasins.

10. C'est la plus ancienne université de Paris.

a. Les Champs-Elysées

b. Le Louvre

c. L'Arc de Triomphe

d. La basilique du Sacré-Cœur

e. La Sorbonne

11. Cadeau de l'Egypte à la France, il/elle se trouve place de la Concorde. C'est...

a. l'obélisque.

b. la pyramide.

Paris en questions

11. Le Luxembourg se trouve-t-il…

a. à l'intérieur de Paris ?

b. à l'extérieur de Paris ?

12. Qu'appelle-t-on les bateaux-mouches ?

a. Des insectes vivant dans le métro.

b. Des bateaux de tourisme sur la Seine.

13. *Je vais à la Bastille* signifie « Je vais…

a. à l'opéra de Paris. »

b. dans un quartier à l'est de Paris. »

14. Qu'appelle-t-on le Quartier latin ?

a. Le quartier des universités.

b. Le quartier des étrangers.

15. Pour quelles raisons Montmartre est-il célèbre ?

a. Beaucoup d'artistes ont habité dans ce quartier.

b. Il se trouve sur une colline et l'air y est pur.

III. Qui sont les bouquinistes ?

a. Les vendeurs du marché aux fleurs (et aux animaux) près des quais.

b. Les marchands de livres d'occasion, sur les bords de la Seine.

Sports et loisirs

16. La capitale française du surf est...

a. Biarritz.

b. Deauville.

17. Avoriaz et Les Arcs sont...

a. des stations de sports d'hiver.

b. des ports de plaisance.

18. Les GR sont...

a. des sentiers de Grande Randonnée.

b. des grandes routes nationales.

19. Pour faire une cure de thalassothérapie, il faut aller...

a. à la montagne.

b. au bord de la mer.

20. Le Futuroscope, à Poitiers, est-il...

a. un parc de loisirs ?

b. un parc naturel ?

IV. Quel est le sport traditionnel pratiqué dans le Pays Basque ?

a. La pelote.

b. La pétanque.

Economie et tourisme

21. La majorité des Français prennent leurs vacances entre…

a. le 1er juillet et le 15 août.

b. le 15 août et le 15 septembre.

22. Ils prennent leurs vacances…

a. par exemple, 3 ou 4 semaines à la fois.

b. une semaine à la fois.

23. Le tourisme en France fait vivre…

a. 1 500 000 personnes.

b. 500 000 personnes.

24. Un gîte rural est…

a. un hôtel de campagne, sans étoiles.

b. un logement à la campagne en location pour les vacances.

25. Le Conservatoire du Littoral…

a. contrôle la pêche et les ventes de poissons.

b. a pour but de protéger les paysages au bord de la mer.

V. Le pays le plus visité par les Français est…

a. la Turquie.

b. l'Espagne.

Solutions

Connaissez-vous la France?

1. Chamonix n'est pas une île.
2. Biarritz n'est pas un château.
3. Carnac n'est pas dans le Midi.

1.b Le Mont-Saint-Michel se trouve en Normandie. C'est le monument historique le plus visité en France. (Noirmoutier est une île en Vendée.)

2.a La vallée de la Loire est une région où il y a de nombreux châteaux d'époque Renaissance. Par exemple Blois, Tours, Chenonceaux.
(Le Petit Trianon, construit pour la reine Marie-Antoinette, se trouve dans le parc de Versailles.)

3.a Carnac est une station balnéaire. Là, se trouvent des alignements de menhirs qui datent de l'époque néolithique. Il y a aussi un musée de la préhistoire.

4.a Les grottes préhistoriques de Lascaux, découvertes en 1940, étaient un lieu de cérémonies. On y voit, sur les murs, des peintures de taureaux, bisons, chevaux, cerfs, antilopes.
(A Epernay et à Reims, en Champagne, on a fait des galeries dans le sol calcaire pour conserver le champagne. On peut les visiter.)

5.b Ces arènes se trouvent en Provence.
(A Paris, appelé Lutèce par les Romains, il y a aussi des ruines d'arènes romaines, appelées les arènes de Lutèce.)

I.a Tous les rois de France, à partir de Clovis, en 496, ont été couronnés dans la cathédrale de Reims.
(Les Saintes-Maries-de-la-Mer, en Camargue, est un lieu de pèlerinage des Gitans.)

6.d

7.b On peut voir, au Louvre, les collections nationales de peinture classique française et étrangère et les antiquités. Les collections du XIXe siècle se trouvent au musée d'Orsay et celles du XXe siècle au musée d'Art Moderne du Centre Pompidou.

8.c

9.a

10.e La Sorbonne a été fondée en 1257.

II.a On a construit la pyramide de verre au moment de l'agrandissement du musée du Louvre.

11.a Le Luxembourg est un grand jardin près du Quartier latin.

12.b (Dans le métro, à certaines stations, on entend des grillons. On dit qu'ils sont là depuis l'ouverture du métro, en 1900. Ils seraient arrivés avec le bois de construction qui venait du Midi.)

13.b La Bastille est une grande place dans un quartier situé dans l'est de Paris. A cet endroit se trouvait une prison, appelée Bastille, détruite par le peuple pendant la Révolution de 1789. Aujourd'hui, une colonne rappelle cet acte symbolique.
Le nouvel opéra se trouve sur cette place.

14.a Au Moyen Age, les étudiants parlaient et étudiaient en latin. Pour cette raison, on a appelé le quartier des étudiants le Quartier latin.

15.a Beaucoup d'artistes ont habité à Montmartre, quartier, à l'époque, bon marché, situé en dehors de Paris. Les impressionnistes s'y rencontraient. Picasso y a habité. Utrillo en a fait de nombreuses peintures. Ceci dit, Montmartre se trouve sur une colline mais l'air n'y est pas particulièrement pur !

III.b Un bouquin signifie un livre.

16.a A Biarritz (dans le Pays Basque), la mer est forte avec de grosses vagues.
Deauville est une station balnéaire normande, très luxueuse, célèbre pour ses courses de chevaux et son festival de cinéma américain.

17.a Avoriaz et les Arcs sont des stations créées pour le ski dans les années 60, 70.

18.a Il y a 60 000 km de sentiers de Grande Randonnée qui traversent la France. Le GR6 va des Alpes à l'Océan Atlantique. Le GR65 est l'ancien itinéraire des pèlerins de Saint-Jacques de Compostelle. Il va du Massif Central à l'Espagne.

19.b La thalassothérapie ou cure marine s'est développée dans les années 60. (Le thermalisme, cures à la montagne ou à la campagne, s'est développé à partir du Second Empire, vers 1860.)

20.a Le parc Astérix et le parc Euro-Disney sont d'autres parcs de loisirs à thème.

IV.a Jeu de la pelote basque : on lance une balle appelée *pelote*, sur un mur à l'aide de la *chistera*, instrument en osier, qui rappelle la forme d'une main.

21.a La concentration des vacances en juillet et août provoque des bouchons sur les routes et un ralentissement de l'économie.

22.a

23.a L'emploi dans le tourisme est souvent saisonnier.

24.b Pour leurs vacances en France, les Français choisissent leurs résidences secondaires (37%), les locations (18%), les campings (18%), les hôtels (5%). (Source : Direction du Tourisme)

25.b

V.b On estime que 18% des Français partent à l'étranger pour leurs vacances. (Source : Direction du Tourisme)

Comptez vos points :

	Questions à 1 point	Questions à 3 points	Résultat
Curiosités touristiques			
Paris			
Paris en questions			
Sports et loisirs			
Economie et tourisme			

Total : ______________

6. La cuisine

Le jeu des 7 erreurs

Qu'est-ce qu'il y a sur cette table ? Faites une liste.

Le dessinateur est-il dans la lune ? Trouvez les 7 erreurs.

Un pas de plus

A tour de rôle, choisissez un plat. Demandez aux autres participants les ingrédients nécessaires pour le faire.
Exemple : Qu'est-ce qu'il faut pour faire une quiche ?

Le menu

Corrigez ce menu ! Chassez l'intrus.

1. Entrées :

a. Soufflé au fromage
b. Chou à la crème
c. Melon au porto

2. Viandes :

a. Chateaubriand
b. Rôti de porc
c. Saumon

3. Poissons :

a. Sole meunière
b. Truite aux amandes
c. Foie de veau

4. Légumes :

a. Confit d'oie
b. Haricots verts
c. Ratatouille

5. Desserts :

a. Gâteau aux noix
b. Gratin dauphinois
c. Tarte aux pommes

I. Pâtisseries :

a. Le baba au rhum
b. Le boudin
c. L'éclair

A propos de cuisine : Devinettes

Qui suis-je ?

6. On me boit noir ou crème. Qui suis-je ?

7. Je suis une boisson aux fruits qui n'aime pas attendre.

8. On me consomme chaud ou glacé, en barre ou en bouchée. Je fais fondre les gourmands et je fonds dans leurs mains. Je suis le…

9. On me fait sauter puis on me mange avec du sucre ou de la confiture !

10. Je travaille dans le jardin mais je suis aussi un plat où se trouvent tous les légumes du jardin. Je suis la…

11. Je porte le nom d'une femme mais je suis un gâteau. Un grand écrivain a fait mon éloge. Qui suis-je ?

Spécialités régionales

Connaissez-vous ces spécialités ?

11. La cuisine provençale se fait…

a. à l'huile d'olive.

b. au vin de Provence.

12. Les spécialités normandes contiennent…

a. du fromage et de l'ananas.

b. de la crème fraîche et du cidre.

13. En Bretagne on mange souvent…

a. des fruits de mer.

b. du riz aux fruits de mer.

14. Le poulet à la basquaise se prépare avec…

a. des poivrons, des tomates et de l'aïl.

b. des oranges, du citron et du vin blanc.

15. Une des spécialités de Bourgogne est…

a. les bouchées à la reine.

b. le coq au vin.

III. La soupe de poisson appelée bouillabaisse est une spécialité…

a. de Brest.

b. de Marseille.

L'histoire et la table

16. Dans quelle région est fabriqué le fromage appelé roquefort ?

a. En Normandie. b. Dans le Sud-Ouest.

17. Le croissant est…

a. français. b. autrichien.

18. Quel autre pain ressemble à la *baguette* ?

a. La ficelle. b. Le bâton.

19. Comment appelle-t-on une excellente cuisinière ?

a. Un cordon rouge. b. Un cordon bleu.

20. Avant la Révolution de 1789, on payait un impôt…

a. sur le sel. b. sur le sucre.

IV. Au 17ème siècle, le roi et l'Eglise ont interdit une boisson. C'était…

a. l'alcool de pomme. b. le chocolat.

Coutumes

21. Au restaurant, je demande une carafe d'eau. On m'apporte...

a. de l'eau minérale. — b. de l'eau du robinet.

22. On en mange un ou deux morceaux à chaque repas. C'est...

a. du pain. — b. du beurre.

23. Il arrive à Paris le 14 novembre. C'est...

a. le beaujolais primeur. — b. le Paris-Brest.

24. On en met dans le café ou le thé. Ou on le/la garde parce qu'il/elle se collectionne. C'est...

a. la portion de lait. — b. le cube de sucre.

25. Au restaurant ou au café...

a. vous arrondissez l'addition. — b. vous laissez le pourboire sur la table.

V. Au restaurant, vous commandez d'abord...

a. votre menu. b. la boisson.

Solutions

1.b Le chou à la crème est un dessert.
2.c Le saumon est un poisson.
3.c Le foie de veau est de la viande.
4.a Le confit d'oie est de la viande.
5.b Le gratin dauphinois est un plat de pommes de terre.
I.b Le boudin est de la charcuterie.

6. Le café : noir ou crème.
7. C'est le citron pressé.
8. Le chocolat.
9. Les crêpes.
10. La jardinière.
II. La madeleine, célébrée par Marcel Proust dans son livre *La Recherche du temps perdu.*

11.a
12.b La cuisine régionale se fait avec les produits de l'endroit. L'ananas ne pousse pas en Normandie.
13.a
14.a
15.b Les bouchées à la reine sont une spécialité de Lorraine.
III.b

16.b Dans la ville de Roquefort (Massif Central).
17.b Le croissant est d'origine autrichienne. On dit que c'est le cuisinier de la reine Marie-Antoinette (d'Autriche), épouse de Louis XVI, qui l'a introduit en France au 18ème siècle.
18.a La ficelle pèse 150 g, la baguette 250 g.
Le bâton n'est pas un pain.
19.b On appelle une excellente cuisinière un cordon bleu, en souvenir des Chevaliers de l'ordre du Saint-Esprit, fins gourmets, qui faisaient de grands banquets au 18ème siècle.
20.a Avant la Révolution, on payait en France un impôt sur le sel, appelé la gabelle.
IV. b Au 17ème siècle, le chocolat ramené d'Amérique latine par les Espagnols est une boisson nouvelle. On dit qu'il produit des extases !

21.b
22.a En France, on ne sert pas de beurre avec le pain.
23.a Le beaujolais primeur ou nouveau est un vin rouge léger.
Le Paris-Brest est un gâteau inventé pour la première course cycliste Paris-Brest en 1900.
24.b Les collectionneurs de papiers de sucre s'appellent des glycophiles.
25.b

V.a On commande d'abord le menu et ensuite la boisson qui l'accompagne. Par exemple, avec du poisson, on prend souvent du vin blanc.

Comptez vos points :

	Questions à 1 point	Questions à 3 points	Résultat
Le menu			
Devinettes			
Spécialités régionales			
L'histoire et la table			
Coutumes			

Total : ____________

7. Les fêtes, traditions et usages

C'est la fête !

Formez des paires. Choisissez une fête. A tour de rôle, mimez-la. Les autres doivent deviner de quelle fête il s'agit. Racontez alors ce qui se passe ce jour-là.

De quoi s'agit-il ?

A partir de ces mini-dialogues, imaginez une situation. Travaillez en paires puis expliquez-vous tous ensemble.

1. – Bonjour ! On t'attendait ! Tu as trouvé facilement ?
   • Sans problème. Mais il y avait des embouteillages.

2. – Des roses rouges ! Pour moi ?
   • Oui… On dit que les fleurs parlent…

3. – Demain, j'apporte du champagne ! Tout le monde est invité ! A midi et quart, d'accord ?

4. – Tu n'aimes pas ça ?
   • Si, c'est excellent, mais vraiment…

5. – Venez donc nous voir dimanche après-midi.
   • Malheureusement, je dois prendre le train…
   – Alors venez vers une heure. On ne vous gardera pas longtemps. Je vous ferai goûter à ma spécialité…

Un pas de plus

Avec votre voisin, rédigez les sept règles du savoir-vivre dans votre pays. Ensuite, comparez avec le reste de la classe.

De quelles fêtes s'agit-il ?

1. Les militaires défilent, le matin, à Paris ; et le soir, on danse dans chaque ville et village. De quelle fête s'agit-il ?

a. De l'Armistice.

b. De la Fête nationale, le 14 juillet.

2. Ce jour-là, toutes les blagues sont permises ! C'est…

a. le 1er avril.

b. l'Assomption, le 15 août.

3. Descendez dans les rues ! En principe, il fait beau. Chantez, faites de la musique ! Ou bien écoutez ! C'est quel jour ?

a. Le 21 juin, la fête de la musique.

b. Le 1er mai.

4. Au menu, il y a de la dinde farcie. C'est…

a. la Toussaint.

b. Noël.

5. Entre le Jour des Rois et Pâques les enfants ont une fête. Ils se déguisent et mangent des crêpes. C'est…

a. la saint-glinglin.

b. Mardi-Gras.

I. « C'est votre fête ! » Qu'est-ce que cela signifie ?

a. C'est le jour de votre saint patron.

b. C'est votre anniversaire.

A chaque fête ses gourmandises

Associez.

6. A Noël, on me met dans la cheminée mais on me mange aussi au dessert. Qui suis-je ?

7. Quel gâteau mange-t-on pour fêter le jour des Rois ?

8. Que fait-on sauter pour la Chandeleur, le 2 février ?

9. On dit que les cloches, de retour de Rome, les apportent le jour de Pâques. De quoi s'agit-il ?

10. Qu'est-ce qu'on offre pour les mariages, les baptêmes, et les communions ?

a. La galette.

b. Les crêpes.

c. La bûche.

d. Les dragées.

e. Les œufs en chocolat.

II. Comment appelle-t-on les bouchées salées ou sucrées, froides ou chaudes, servies à un buffet ou cocktail ?

a. Des amuse-bouche. b. Des sofas.

Le langage des fleurs

11. Je suis une fleur d'automne qui ne s'offre pas en société mais qu'on réserve pour le cimetière. Qui suis-je ?

a. L'hortensia. — b. Le chrysanthème.

12. Je porte bonheur. Je suis une fleur blanche qui sent bon. Le 1er mai, c'est ma fête. Qui suis-je ?

a. Le muguet. — b. Le lys.

13. Au jour de l'An, on me met sur la porte d'entrée. On s'embrasse devant moi car je porte bonheur et on se souhaite la bonne année. Je suis…

a. le houx. — b. le gui.

14. Blanche, on m'offre aux enfants et aux jeunes filles. Rouge, je déclare l'amour. Mais, rose, crème ou jaune, je plais à tout le monde. Je suis…

a. le glaïeul. — b. la rose.

15. Vous offrez un bouquet. Combien de fleurs doivent le composer ?

a. Un nombre pair : 2, 4, 6 etc. — b. Un nombre impair : 3, 5, 7 etc.

III. Qu'appelle-t-on un bouquet quand il est servi à table ?

a. Une salade composée. b. De grosses crevettes.

Le savoir-vivre

16. Vous êtes invité/e à dîner pour 20 heures. Vous arrivez à…

a. 19 heures 50.

b. 20 heures 10.

17. Vous prenez l'apéritif chez des amis. Vous partez vers…

a. 12 heures.

b. 12 heures 30.

18. Vous êtes chez des amis pour le thé. Vous restez…

a. une heure environ.

b. tout l'après-midi.

19. Vous refusez une invitation. Vous dites :

a. Je vous remercie mais je suis désolé/e. Je suis justement pris/e ce jour-là. Je vais à…

b. Non, je ne peux pas.

20. On vous offre un cadeau. Pour remercier, vous dites…

a. Je vous remercie. Mais je n'ai plus de place chez moi.

b. Je vous remercie. Mais il ne fallait pas…

IV. Qui doit monter en premier un escalier ?

a. L'homme.

b. La femme.

A table !

21. Vous êtes servi/e.

a. Vous commencez à manger. Ce n'est pas bon, froid !

b. Vous commencez à manger quand tout le monde est prêt.

22. Pendant le repas, où doit-on laisser ses couverts quand un plat est terminé ?

a. Sur la table, de chaque côté de l'assiette.

b. Sur l'assiette, parallèles.

23. Pendant le repas, il est poli de...

a. mettre les coudes sur la table.

b. mettre les mains sur la table.

24. Votre morceau de pain est croustillant.

a. Vous croquez dedans.

b. Pour en manger, vous en prenez à la main un petit morceau.

25. Vous faites un régime ou vous n'aimez pas un plat.

a. Vous vous excusez et vous n'en prenez pas.

b. Vous ne dites rien et vous en prenez un peu.

V. Il est permis de...

a. couper les pommes de terre au couteau.

b. couper la salade au couteau.

Solutions

1.b Le 14 juillet commémore la Révolution de 1789.
Pour l'Armistice (de la Première Guerre mondiale), le 11 novembre, on ne travaille pas. Le Président de la République met des fleurs sur la tombe du Soldat inconnu, sous l'Arc de Triomphe, à Paris.

2.a Pour les blagues du 1er avril on parle de « poisson d'avril ».
Le 15 août est une fête catholique et un jour férié. Quand cela est possible, les Français font le pont.

3.a Le 21 juin, fête de la musique et de l'été, n'est pas férié.
Pour le 1er mai, fête du travail, il y a des manifestations. La coutume est de s'offrir du muguet qui porte bonheur.

4.b Pour la Toussaint, le 1er novembre, on va au cimetière.

5.b Mardi-Gras est le dernier jour du carnaval.
La saint-glinglin n'est pas une fête. L'expression *à la saint-glinglin* veut dire « jamais ».

I.a Sur le calendrier, chaque jour de l'année est associé à un saint. Par exemple, le 16 juin, c'est la fête de saint Régis. Ce jour-là, on fête les Régis et Régine.

6.c La bûche est un gâteau roulé, fourré à la crème.

7.a Pour le jour des Rois ou l'Epiphanie, le 6 janvier, on mange la galette, gâteau où se trouve une fève. Celui/Celle qui a la fève est le roi ou la reine.

8.b Pour la Chandeleur (le 2 février, Jésus est présenté au Temple) et pour Mardi-Gras, on mange des crêpes.

9.e

10.d Les dragées, roses, blanches ou bleues, sont des amandes enrobées de sucre.

II.a On appelle ces bouchées des amuse-bouche ou canapés. Autrefois, on disait amuse-gueule.

11.b Le chrysanthème est symbole de l'espoir et de la vie éternelle. Ses pétales, couleur d'or, sont semblables aux rayons du soleil.

12.a Le muguet, porte-bonheur, s'offre le jour de la fête du travail.
La fleur de lys est le symbole de la royauté en France et de la pureté (fleur de Marie).

13.b Au temps des Gaulois, le gui était une plante sacrée. Dans les albums d'Astérix, le druide Panoramix cueille le gui dans les forêts de Bretagne.

14.b

15.b

III.b Ces crevettes sont aussi appelées gambas.

16.b Il faut toujours arriver un peu après l'heure indiquée. Mais pas trop tard sinon le rôti sera brûlé !

17.a Si vous êtes invité/e pour un apéritif, demandez vers quelle heure on vous attend. Généralement vers midi ou le soir vers 19 heures. N'apportez pas de cadeau. Même si la conversation est intéressante, ne restez pas plus d'une heure !

18.b

19.a Remerciez et surtout donnez une excuse.

20.b Il serait bien sûr grossier de dire que vous n'avez plus de place !

IV.a Dans un escalier, l'homme doit monter devant la femme. De cette manière, il ne peut pas voir sous sa robe ! Pour descendre, l'homme passe le premier – au cas où la femme tomberait.

21.b

22.b

23.b Il est impoli de mettre les coudes sur la table.

24.b

25.b Soyez discret !
Ne vexez pas et n'embarrassez pas la maîtresse de maison.

V.a Il est interdit de couper la salade au couteau.

Comptez vos points :

	Questions à 1 point	Questions à 3 points	Résultat
Fêtes			
A chaque fête ses gourmandises			
Le langage des fleurs			
Le savoir-vivre			
A table !			

Total : ____________

8. La littérature

Qui arrivera le premier ?

Vous jouez à deux. Lancez un dé. Avancez à la case indiquée par le numéro. Si vous arrivez sur une case avec une question, répondez. Votre réponse est bonne ? Alors jouez encore une fois. Votre réponse est mauvaise ? Retournez deux cases en arrière.

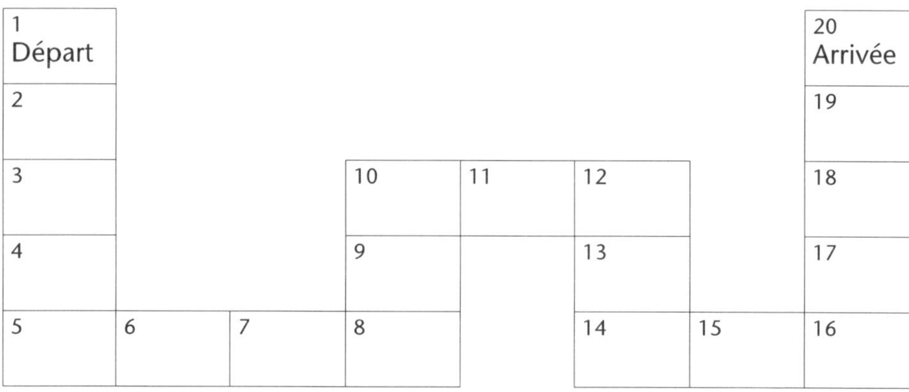

2. Citez un poète français.
3. Citez un romancier français.
5. Citez un roman français.
7. Citez une pièce de théâtre française.
8. Citez un philosophe français.
9. Qui est Emile Zola ?
11. Chassez l'intrus : poésie, correspondance, héros
12. Qui a écrit *Notre-Dame de Paris* ? Victor Hugo ou Marcel Proust ?
14. Qui est Molière ? Un acteur ou un critique ?
15. Comment s'appelle le théâtre français le plus connu ? La Scène française ou la Comédie Française ?
16. *Carmen,* la nouvelle de Mérimée, a été adaptée pour l'opéra. Chantez le vers suivant : « Toréador, mon cœur n'est pas en or… »
18. Chassez l'intrus : la comtesse de Ségur, Mme de Sévigné, G. Sand, Lamartine.
20. Placez ces auteurs chronologiquement : Hugo, Houellebecq, Prévert, La Fontaine.

Un pas de plus

La littérature vous intéresse ? Lisez les citations ci-dessous.

a) En petits groupes, choisissez-en une. Qu'en pensez-vous ? Discutez-en avec votre voisin.

b) Ensuite, cherchez dans un dictionnaire ou une littérature des renseignements sur l'auteur et son oeuvre afin d'en parler à tout le groupe.

« Rien ne sert de courir, il faut partir à point. »
Jean de La Fontaine, *Le Lièvre et la Tortue*

« Tout est bien sortant des mains de l'Auteur des choses, tout dégénère entre les mains de l'homme. »
Jean-Jacques Rousseau, *Emile*

« Il pleure dans mon cœur
Comme il pleut sur la ville,
Quelle est cette langueur
Qui pénètre mon cœur ? »
Paul Verlaine, *Ariettes oubliées*

« Sans la liberté de blâmer, il n'est point d'éloge flatteur. »
Beaumarchais, *Le Mariage de Figaro*

« Lorsqu'on vient d'en rire, on devrait en pleurer. »
Musset à propos d'une pièce de Molière

« L'homme n'est qu'un roseau, le plus faible de la nature ; mais c'est un roseau pensant. »
Blaise Pascal, *Les Pensées*

La littérature à travers les siècles

1. **Jean-Jacques Rousseau, Voltaire, Emile Zola sont des philosophes du 18ème siècle.**

   a. Vrai. b. Faux.

2. **Le classicisme est un mouvement du 17ème siècle qui imite ou s'inspire de l'Antiquité. Un de ses représentants est Jean de la Fontaine.**

   a. Vrai. b. Faux.

3. **Victor Hugo, Alexandre Dumas, George Sand sont des écrivains romantiques du 19ème siècle.**

   a. Vrai. b. Faux.

4. **Charles Baudelaire est un poète du 18ème siècle.**

   a. Vrai. b. Faux.

5. **Gustave Flaubert est un écrivain socialiste du 19ème siècle.**

   a. Vrai. b. Faux.

I. **« Pourquoi je vis ? » est un bref résumé de la pensée existentialiste.**

   a. Vrai. b. Faux.

Les auteurs et leurs œuvres

6. **Victor Hugo a écrit des romans, des pièces de théâtre, des essais et une abondante correspondance. A-t-il fait de la poésie ?**

a. Oui. b. Non.

7. **Ce philosophe du 18ème siècle, ami de Frédéric de Prusse, a écrit des romans et des contes. Il s'appelle…**

a. Jean-Jacques Rousseau. b. Voltaire.

8. **Guy de Maupassant est l'auteur de pamphlets politiques.**

a. Vrai. b. Faux.

9. **Quel écrivain du 19ème s'est engagé politiquement et a dû s'exiler en Angleterre ?**

a. Emile Zola. b. Paul Verlaine.

10. **Albert Camus a écrit…**

a. *Les Mains sales.* b. *L'Etranger.*

II. Qui est l'auteur de *La Comédie Humaine* (œuvre en 65 titres) ?

a. Honoré de Balzac. b. Marcel Proust.

Vie littéraire

11. Comment s'appelle le théâtre créé par Louis XIV, à la mort de Molière ?

a. La Comédie Française.

b. Le Moulin Rouge.

12. Aux 17ème et 18ème siècles, les femmes sont, à Paris, les promoteurs des lettres. Comment appelle-t-on leurs réunions ?

a. Les salons littéraires.

b. Les réunions lyriques.

13. Qu'appelle-t-on, aujourd'hui, la rentrée littéraire ?

a. La période, en automne, où les prix littéraires sont discernés.

b. La campagne publicitaire pour un nouveau livre.

14. Comment s'appelle le prix littéraire français le plus célèbre ?

a. Le prix Longchamp.

b. Le prix Goncourt.

15. Depuis 1945, combien d'écrivains français ont reçu le prix Nobel de littérature ?

a. 3 ou moins.

b. 6 ou plus.

III. Quelle institution protège la langue française ?

a. L'Académie française.

b. L'Académie des Beaux-Arts.

Femmes écrivains

16. Simone de Beauvoir décrit son enfance, son adolescence et son émancipation dans *Les Mémoires d'une jeune fille rangée.*

a. Vrai.

b. Faux.

17. Madame Bovary est...

a. un auteur féministe.

b. un personnage de roman.

18. Les *Claudine* sont les premiers romans de Colette. Son mari les signe et les fait publier sous son nom, Willy.

a. Vrai.

b. Faux.

19. Françoise Sagan est l'écrivain de 18 ans qui fréquente, à Paris, les jeunes de Saint-Germain-des-Prés. Elle devient le symbole de la jeune fille libre des années 50.

a. Vrai.

b. Faux.

20. Qui est l'auteur de pamphlets féministes ayant participé à la révolution de 1830 ?

a. Marguerite Duras.

b. George Sand.

IV. A l'Académie française il n'y a pas de femmes.

a. Vrai.

b. Faux.

Personnages littéraires célèbres

21. Qui est le valet de chambre, personnage créé en 1775 par Beaumarchais, qui devient ensuite le héros d'un opéra de Mozart ?

a. Don Juan. — b. Figaro.

22. Ce père de famille, créé par Balzac, est devenu symbole de l'amour paternel qui se sacrifie pour ses enfants. Il s'agit du...

a. Père Rastignac. — b. Père Goriot.

23. Ce commissaire, psychologue, est le héros de 80 romans de Simenon. Il s'agit de qui ?

a. San Antonio. — b. Maigret.

24. Grand catholique, en apparence seulement, il est mis en scène dans une pièce de Molière qui porte son nom. Qui est-ce ?

a. Tartuffe. — b. Le Misanthrope.

25. Dans un roman de Saint-Exupéry, un pilote rencontre dans un désert un enfant. Qui est cet enfant ?

a. Le Petit Prince. — b. Tintin.

V. Dans la pièce de Samuel Beckett, comment s'appelle le personnage qu'on attend ?

a. Godot. b. Swann.

Solutions

Qui arrivera le premier :

2. Exemples: Rimbaud, Verlaine, Victor Hugo, Lamartine, Apollinaire, Prévert.
3. Exemples: Flaubert, Balzac, Maupassant, Boris Vian.
5. Exemples: *Le Rouge et le Noir* (Stendhal), *Claudine, Chéri* (Colette), *Les Parents terribles* (Cocteau), *L'Etranger* (Camus), *La Porte étroite* (Gide).
7. Exemples: *Tartuffe* (Molière), *Cyrano de Bergerac* (Rostand), *En attendant Godot* (Beckett).
8. Exemples: Descartes, Voltaire, Sartre.
9. Emile Zola est un écrivain du 19ème siècle. C'est le chef de file du mouvement naturaliste.
11. Le héros est l'intrus : la poésie et la correspondance sont des genres littéraires mais un héros est un personnage.
12. Victor Hugo a écrit *Notre-Dame de Paris*. (Marcel Proust, *A la Recherche du Temps Perdu*.)
14. Molière était un acteur et le directeur d'un théâtre. Il était aussi l'auteur des pièces jouées.
15. La Comédie Française.
18. Alphonse de Lamartine est l'intrus : la comtesse de Ségur, Mme de Sévigné et George Sand sont des femmes. La comtesse de Ségur est connue pour ses histoires pour enfants, Mme de Sévigné pour sa correspondance avec sa fille, George Sand pour ses romans.
20. La Fontaine (17ème siècle), Hugo (19ème siècle) Prévert (20ème siècle), Houellebecq (contemporain).

1.b Emile Zola (1840-1902) est un écrivain du 19ème siècle qui a développé la théorie du naturalisme. Il pense que l'homme est déterminé par son milieu. Il a écrit un cycle de romans, *Les Rougon-Macquart*. Il ne fait pas parti des philosophes.
Jean-Jacques Rousseau (1712-1778) pense que la société pervertit l'homme. Il a écrit *Le Contrat social, Emile*.
Voltaire (1694-1778) a écrit *Les Contes philosophiques*.

2.a Dans ses *Fables*, Jean de la Fontaine (1621-1695) s'inspire des fabulistes de l'Antiquité mais il y fait une critique de la cour de Louis XIV.
Jean Racine (1639-1699) est l'auteur de tragédies dont *Andromaque, Britannicus, Bérénice, Iphigénie, Phèdre*.

3.a Victor Hugo (1802-1885)
Alexandre Dumas (1803-1870)
George Sand (1804-1876)

4.b Charles Baudelaire (1821-1867) est un poète du 19ème siècle. Il a écrit *Les Fleurs du Mal*.

5.b Gustave Flaubert (1821-1880) est un écrivain réaliste. Pour écrire ses romans, il fait des recherches historiques.

I.a Principaux existentialistes: Jean-Paul Sartre (1905-1980), Albert Camus (1913-1960), Simone de Beauvoir (1908-1986).

6.a Victor Hugo (1802-1885) a écrit des romans: *Les Misérables, Notre-Dame de Paris*, du théâtre: *Hernani, Ruy Blas*, de la poésie: *La Légende des siècles*. Il pense que le poète remplit une mission, il a pris aussi part activement à la vie politique.

7.b

8.b Guy de Maupassant (1850-1893) est l'auteur de *Contes et Nouvelles* dont *Boule de suif* et du roman *Bel-Ami*.

9.a Emile Zola (1840-1902) s'engage politiquement dans l'affaire Dreyfus. Il écrit un article *J'accuse* (1898) contre l'antisémitisme. Condammé à un an de prison, il s'exile en Angleterre.
Paul Verlaine (1844-1896) est un poète qui fait partie des symbolistes.

10.b *L'Etranger* – Albert Camus
Résumé: Pour le héros du roman, employé de bureau à Alger, la vie est une routine qui n'a pas de sens. Il tue un homme, sans raison, et découvre alors le sentiment de l'absurde et aussi la liberté.
« Je tire de l'absurde trois conséquences qui sont ma révolte, ma liberté, ma passion », dit Camus (Prix Nobel de littérature en 1957).

II.a Honoré de Balzac (1799-1850) a créé plus de deux mille personnages dans les 65 titres de la *Comédie Humaine*.
Marcel Proust (1871-1922) a écrit des essais et un roman de 15 tomes *A la Recherche du Temps Perdu*.

11.a La Comédie Française a été créée à Paris en 1673 par Louis XIV.
Le Moulin Rouge, à Montmartre, créé en 1889, a été rendu célèbre par les peintres (Toulouse-Lautrec).

12.a

13.a

14.b Le prix Goncourt a été créé en 1903 d'après les dernières volontés de l'écrivain Goncourt. Le prix Longchamp n'existe pas.

15.b Les Prix Nobel de littérature depuis 1945:
1947: André Gide
1957: Albert Camus
1952: François Mauriac
1960: Saint-John Perse
1964: Jean-Paul Sartre
1985: Claude Simon

III.a L'Académie française se compose de 40 membres chargés notamment de la rédaction d'un dictionnaire de la langue française. Elle a été fondée par Richelieu en 1634.

16.a Simone de Beauvoir (1908-1986) a écrit son autobiographie dans *Les Mémoires d'une jeune fille rangée, La Force de l'âge, La Force des choses.*

17.b *Madame Bovary* – Gustave Flaubert
Flaubert (1821-1880) s'inspire d'un fait divers pour écrire ce roman en 1857. C'est l'histoire de la femme d'un médecin qui s'ennuie en province. Après plusieurs aventures amoureuses, elle se suicide. Satire de la société bourgeoise, le roman fait scandale à l'époque.

18.a Colette écrit la série des *Claudine* (1900-1903) à la demande de son mari, lui-même écrivain. Il les signe de son nom, Willy. Colette divorcera en 1906.

19.a Françoise Sagan, en 1954, publie *Bonjour tristesse,* roman qui provoque l'enthousiasme des jeunes et qui scandalise leurs parents. Le succès est immédiat. Le livre est traduit en 14 langues.

20.b George Sand (1804-1876) est l'auteur de *Indiana*, et de romans régionalistes (*La petite Fadette*).
Marguerite Duras (1914-1996), née en Indochine puis ayant vécu en France, est l'auteur de nombreux romans et fut réalisatrice de films dont *Hiroshima mon Amour, L'Amant.*

IV.b Il a fallu attendre 1980 pour que l'Académie française accueille une femme, Marguerite Yourcenar (1903-1987). Ses romans, *Les Mémoires d'Hadrien* et *L'Œuvre au noir* montrent sa culture historique.

21.b Le valet de chambre est Figaro, dans *Le Barbier de Séville* (1775), puis *Le Mariage de Figaro* (1784) de Beaumarchais et dans *Les Noces de Figaro* de Mozart. Ce personnage qui demande la justice sociale annonce la Révolution de 1789.

22.b Rastignac est un ambitieux sans scrupules que l'on retrouve dans plusieurs romans de Balzac.

23.b Il s'agit de Maigret. Simenon, né en Belgique, arrive à 20 ans à Paris et crée la série des Maigret en 1929. Il y a plus de 50 adaptations des Maigret au cinéma et plus de 200 à la télévision.

24.a *Tartuffe* (1664), comédie de Molière, est une satire contre les faux dévots. A l'époque, la pièce est interdite.
*Le Misanthrope (*1666) est une autre pièce de Molière.

25.a Antoine de Saint-Exupéry (1900-1944) fut écrivain et aviateur. Dans ses livres, il s'inspire de ses souvenirs. Seuls dans leur avion, les héros de ses romans méditent et apprennent à se connaître.

Tintin est le héros d'une bande dessinée belge des années 50.

V.a Samuel Beckett (1906-1989) est né en Irlande mais il a écrit en français. Il est considéré comme un maître du théâtre de l'absurde.
Swann est un personnage créé par Marcel Proust dans *La Recherche du Temps Perdu.*

Comptez vos points :

	Questions à 1 point	Questions à 3 points	Résultat
La littérature à travers les siècles			
Les auteurs et leurs œuvres			
Vie littéraire			
Femmes écrivains			
Personnages célèbres			

Total : ___________

9. Les arts

Les charades

Sujet : les arts (peinture, musique, cinéma, mode, architecture)

Vous devez deviner un mot de plusieurs syllabes. Pour cela, on donne une définition pour chaque syllabe « entendue » comme si c'était un mot complet. Pour finir, le mot à deviner est expliqué.

Exemple :

Mon premier se trouve à la campagne.		*champ*
Mon second est un adjectif possessif masculin singulier.	+	*son*
Mon tout, on la chante.	=	*chanson*

1. Mon premier est du vocabulaire.
   Mon second est une préposition.
   Mon tout, les couturiers la font.

2. Mon premier est une préposition.
   Ma seconde n'est pas ancienne.
   Mon tout est une actrice française de cinéma.

3. Mon premier est un métal qui coûte très cher.
   Mon second est un adjectif démonstratif pluriel.
   Mon tout est une ancienne gare, aujourd'hui un musée parisien.

4. Mon premier se trouve entre la tête et le dos.
   Mon second, je le dis quand je te parle à toi.
   Mon troisième, faites-le et amusez-vous bien.
   Mon tout est un créateur de mode.

Un pas de plus

Avec votre voisin/e, préparez quelques charades à poser à l'ensemble de la classe.

Quel festival dans quelle ville ?

1. **Le jazz**
2. **Le cinéma**
3. **Le théâtre**
4. **La bande dessinée**
5. **Les Francofolies**

a. Cannes
b. Avignon
c. Angoulême
d. La Rochelle
e. Antibes

I. Le festival de Cannes existe depuis plus de 50 ans.

a. Vrai.
b. Faux.

Peinture

6. Quel est l'auteur du tableau *Impression, soleil levant*? (Ce tableau est à l'origine du terme *impressionniste,* utilisé pour nommer un groupe de peintres du 19ème siècle.) C'est…

a. Pierre-Auguste Renoir.
b. Claude Monet.
c. Camille Pissarro.

7. Lequel de ces peintres n'est pas cubiste ?

a. Pablo Picasso.
b. Georges Braque.
c. Jean-François Millet.

8. Lequel de ces peintres a vécu au 18ème siècle ?

a. Edgar Degas.
b. Henri Matisse.
c. Jean-Baptiste Chardin.

9. Parmi ces artistes, lequel n'est pas un caricaturiste ?

a. Honoré Daumier.
b. Henri de Toulouse-Lautrec.
c. Eugène Delacroix.

10. Lequel de ces artistes n'est pas un peintre, mais un sculpteur ?

a. Auguste Rodin.
b. Antoine Watteau.
c. Nicolas Poussin.

II. Ce peintre est l'ami de Zola et des impressionnistes. Il peint des paysages de Provence, des portraits et surtout des natures mortes aux fruits. C'est…

a. Paul Cézanne.
b. Vincent Van Gogh.
c. Edouard Manet.

Musique

11. Elle chantait l'amour, s'habillait en noir, portait le nom d'un oiseau. C'était...

a. E. Piaf.

b. S. Rossignol.

12. Ce type de musique, d'origine arabe, est devenu à la mode. C'est...

a. le raï.

b. le rap.

13. Qui est l'auteur de la chanson *Les feuilles mortes,* chantée par Yves Montand et de nombreux artistes aux Etats-Unis ?

a. Jacques Prévert.

b. Georges Brassens.

14. A partir des années 40, quelle musique devient à la mode dans les caves de St-Germain-des-Prés, à Paris ?

a. Le jazz.

b. Les chanteurs : Jacques Brel, Jean Ferrat et d'autres.

15. Qui est l'auteur, musicien classique, du célèbre *Boléro* ?

a. Hector Berlioz.

b. Maurice Ravel.

III. Qu'est-ce que Liszt, Chopin, Offenbach ont en commun ?

a. Ils ont vécu en France.

b. Ils se sont mariés avec des Françaises.

Cinéma

Vrai ou faux ?

16. C'est un Belge, Gaston Lumière, qui a inventé le cinéma en 1870.

a. Vrai. b. Faux.

17. En 1895, on projette le 1er film à Paris, *Le train entrant en gare...* Les spectateurs ont peur et veulent partir.

a. Vrai. b. Faux.

18. La *Nouvelle Vague* est un mouvement des années 70. Les films sont surréalistes et leurs budgets minimes.

a. Vrai. b. Faux.

19. Jacques Tati et Isabelle Huppert sont des artistes et des réalisateurs.

a. Vrai. b. Faux.

20. La plus grande salle de cinéma du monde se trouve en France.

a. Vrai. b. Faux.

IV. La France a le plus grand nombre de salles de cinéma d'Europe.

a. Vrai. b. Faux.

Architecture

21. Lequel de ces monuments parisiens n'est pas des années 1980-90 ?

a. La Grande Mosquée.
b. L'Opéra-Bastille.
c. Le Grand Louvre avec la pyramide.

22. Quel est le plus grand stade français ?

a. Le parc des Princes.
b. Le Stade de France.
c. Le stade Roland-Garros.

23. Certains hôtels ne reçoivent jamais de voyageurs. Pourquoi ?

a. Ils sont complets.
b. Ce sont des maisons de ville, privées, qui ont appartenu à des nobles.
c. Ce sont des monuments historiques loués par la ville.

24. Qu'est-ce que Rouen, Chartres et Strasbourg ont de commun ?

a. Une place royale.
b. Des arènes.
c. Une cathédrale gothique.

25. Qu'est-ce que St-Malo, Avignon et Carcassonne ont de commun ?

a. Des menhirs.
b. Des murailles (ou remparts).
c. Un vieux pont.

V. Parmi ces personnalités, laquelle n'était pas un architecte ?

a. Gustave Eiffel.
b. Le Corbusier.
c. Le Nôtre.

Solutions

Les Charades: 1. (un mot), (de) = la mode 2. (de), (neuve) = Deneuve, Catherine Deneuve. 3. (l'or), (ces) = (Musée) d'Orsay. 4. (le cou), (tu), (riez) = couturier

1.e

2.a

3.b

4.c

5.d Les Francofolies sont un festival de musique.

I.a Le festival de Cannes a été créé en 1939.

6.b Les impressionnistes sont un groupe de peintres qui abandonnent les procédés traditionnels comme le clair-obscur et vont peindre en plein air. L'Académie des Beaux-Arts les refuse au Salon Officiel de 1863. A partir de 1870, ils décident d'exposer ensemble leurs tableaux… au Salon des Refusés !
Principaux tableaux de Claude Monet (1846-1926) : *Les Nymphéas, La Cathédrale de Rouen* (20 versions), de nombreux paysages.
Pierre-Auguste Renoir (1841-1919) est un peintre impressionniste qui préfère les personnages et les portraits. Principaux tableaux : *Les Parapluies, La Balançoire.*
Camille Pissarro (1830-1903) a peint de nombreux paysages.

7.c Jean-François Millet (1814-1875) est le peintre des paysans. Principaux tableaux : *Les Glaneuses, L'Angélus.*
Pablo Picasso (1881- 1973) et Georges Braque (1882-1963) sont des cubistes. Ils donnent aux choses un aspect géométrique, par exemple celui d'un cube.

8.c Jean-Baptiste Chardin (1699-1779) est connu pour ses peintures de scènes familiales et ses natures mortes domestiques.
Edgar Degas (1834-1917) fait partie des impressionnistes. Ses tableaux représentent principalement des danseuses et des courses hippiques.
Henri Matisse (1869-1964) fait partie des *fauves*. Principaux tableaux : *La danse, Les Odalisques.*

9.c Eugène Delacroix (1798-1863) est un maître du romantisme. Son tableau le plus célèbre est *Le 28 juin 1830 : La Liberté guidant le peuple.*
Honoré Daumier (1808-1879) fait des caricatures pour les journaux et souvent une satire politique.
Henri de Toulouse-Lautrec (1864-1901) peint la vie des cafés à Montmartre et aussi des affiches pour des cabarets.

10.a Principales sculptures d'Auguste Rodin (1840-1917) : *Le Penseur, Le Baiser, Les Bourgeois de Calais.* Nicolas Poussin, artiste classique du 18ème siècle, peint des scènes de la mythologie. Antoine Watteau (1684-1721) est le peintre des fêtes galantes.

II.a Paul Cézanne (1839-1906) : précurseur du cubisme. Ses principales toiles sont *La Montagne Sainte-Victoire, Les Joueurs de cartes,* des natures mortes aux fruits.
Vincent Van Gogh (1853-1890) : Né en Hollande, il s'installe en France et adopte la peinture impressionniste. Il séjourne en Provence où il peint de nombreux paysages. Sa vie durant, il est très pauvre. Aujourd'hui, ses toiles se vendent à un prix record.
Edouard Manet (1832-1883) : Ce grand bourgeois n'aime pas la bohème. Cependant ses toiles *Le Déjeuner sur l'herbe* et *Olympia* font scandale.

11.a Edith Piaf est surnommée ainsi à cause de sa petite taille (un piaf est un moineau). Elle a commencé par chanter dans les rues puis elle a été remarquée et est devenue une grande artiste.

12.a Le raï est une musique traditionnelle de la région d'Oran, en Algérie. Dans le pop-raï, à partir des années 80, on utilise des instruments modernes, le synthétiseur par exemple. Principaux artistes présents en France : Cheb Khaled, Faudel.

13.a Jacques Prévert (1900-1977). Ce poète non-conformiste, ironique et tendre, chante la liberté, la justice, le bonheur. Il a écrit des scénarios de films.
« C'est une chanson
Qui nous ressemble
Toi tu m'aimais
Et je t'aimais... »

14.a Brel, Ferrat etc. chantent dans les années 50-60, et pas à St-Germain-des-Prés.

15.b Maurice Ravel (1875-1937), ami de Eric Satie, Stravinski, Diaghilev.
Hector Berlioz (1803-1869), ami de Mendelssohn, Wagner et Liszt.

III. a Franz Liszt (1811-1886) retrouve à Paris l'élite du romantisme européen (Berlioz, Paganini, le poète Heine, le peintre Delacroix, la romancière George Sand). Il se lie avec Marie d'Agoult. Une de leur filles, Cosima, épousera Richard Wagner.
Chopin (1810-1849) s'installe à Paris en 1830. Il vit avec George Sand de 1837 à 1847.
Jacques Offenbach (1819-1880) vient jeune à Paris. Il y fait une carrière brillante en composant une centaine d'opérettes.

16.b C'est Louis Lumière, français et non belge, qui a inventé le cinéma en 1895.

17.a

18.b La *Nouvelle Vague* est un mouvement des années 50 qui a produit des films réalistes. Voici quelques noms de films : *Jules et Jim* (François Truffaut), *Les cousins* (Claude Chabrol).

19.b Jacques Tati est artiste et réalisateur mais Isabelle Huppert est uniquement comédienne.

20.a La Géode, à Paris, a un écran de 1000 m². Il faut plus de 6 km de film pour voir 1 heure de projection.

IV. a En France, il y a plus de 4700 salles de cinéma. L'Italie en compte plus de 4200 et l'Allemagne plus de 4100.

21.a La Grande Mosquée de Paris a été construite dans les années 20, en souvenir des soldats musulmans morts pendant la guerre de 1914-18.

22.b Le plus grand stade est le Stade de France, construit pour la coupe mondiale de football en 1998. Il contient 105 000 places. Il a 36 ascenseurs, 50 bars, 670 W.-C.
Le stade Roland-Garros a été construit en 1928 pour les compétitions de tennis.
Le Parc des Princes, à Paris, contient 50 000 places.

23.b A Paris, dans le quartier du Marais, il y a de nombreux hôtels du 17ème siècle.

24.c

25.b On dit que ces villes sont fortifiées.

V.c Le Nôtre (1613-1700) est le jardinier qui a créé le parc de Versailles.
Gustave Eiffel (1832-1923) est célèbre pour sa tour.
Le Corbusier (1887-1965), chef de file des modernistes, recherche le fonctionnel. Il fonde une école.

Comptez vos points :

	Questions à 1 point	Questions à 3 points	Résultat
Festivals			
Peinture			
Musique			
Cinéma			
Architecture			

Total : ___________

10. L'histoire

Chassez les anachronismes !

Travaillez en paires. Lisez, chacun, votre texte A ou B. Ensuite, avec les informations que vous avez, discutez pour pouvoir répondre à la question.

1. Est-ce que Napoléon a pu manger des poires Belle-Hélène ?

A. Le jeune Bonaparte quitte sa Corse natale et monte à Paris. Il devient consul puis empereur en 1804. Il rédige le Code Civil et il crée la Banque de France. Il mène des guerres sans fin qui sont sa ruine. Finalement, il est déporté à l'île de Sainte-Hélène où il meurt en 1821.

B. On dit que le dessert appelé « Poire Belle-Hélène » a été créé en l'honneur de l'héroïne d'une opérette d'Offenbach qui a remporté un très grand succès à Paris en 1864. C'est un dessert composé de poires au sirop sur de la glace à la vanille, recouvertes de chocolat chaud.

2. Est-ce que de Gaulle a eu une carte à puce ?

A. Très jeune, de Gaulle s'intéresse à la philosophie. Il choisit la carrière militaire. Il prend part à la Première guerre mondiale. Ensuite, il se fait connaître par ses écrits d'histoire politique. Pendant la Seconde guerre, devenu général, il se réfugie à Londres d'où il organise la libération de la France en 1945. Il est élu président de la République et sera réélu jusqu'en 1969. Il meurt à 80 ans.

B. La carte à puce bancaire, téléphonique ou médicale, a envahi la vie quotidienne. C'est un Français, Roland Moreno, électricien et autodidacte, qui en est l'inventeur. En 1972, il crée une compagnie, Innovatron, et en 1986, il dépose le brevet de son invention. Ses clients sont les grandes entreprises : IBM, France-Télécom. En 1995, la carte à puce tombe dans le domaine public. Aujourd'hui, R. Moreno est milliardaire !

3. Est-ce que Dom Pérignon a connu les congés payés ?

A. On dit que c'est Dom Pérignon qui a inventé le champagne. Ce bénédictin a l'idée de conserver le vin en bouteilles en non pas en tonneaux. Pour que le vin devienne mousseux, les bouteilles sont placées le goulot vers le bas, et sont tournées chaque jour d'un huitième de tour… Le champagne, symbole de fête, évoque, dit Voltaire, la France :
« De ce vin frais l'écume pétillante
De nos Français est l'image brillante. »

B. En 1935, face aux mouvements d'extrême-droite, les partis de gauche s'unissent pour former le Front populaire qui remporte les élections l'année suivante. Des mesures sociales sont alors prises : augmentation des salaires, semaine de 40 heures, congés payés (2 semaines), nationalisation des chemins de fer.

4. Est-ce que Molière et sa troupe de théâtre buvaient du chocolat ?

A. Molière naît en 1623 dans une famille bourgeoise. A 20 ans, il décide de faire du théâtre alors qu'à l'époque les comédiens sont excommuniés ! Il devient acteur, puis dirige une troupe et écrit ses propres pièces. En 1659, le frère du Roi le prend sous sa protection. Molière joue alors à la cour de Louis XIV mais certaines de ses pièces sont interdites par le Roi. Il meurt en 1673.

B. Quand les Espagnols découvrent l'Amérique, ils rapportent de nouvelles plantes et aussi le chocolat. D'abord, ils n'aiment pas cette boisson amère des Aztèques. Mais les Jésuites la préparent avec du sucre et de la vanille. C'est délicieux ! Le chocolat arrive à la cour espagnole, puis en France. On dit que c'est un tonique et même un aphrodisiaque… Et qu'on a le droit d'en boire avant la messe ! Louis XIV, poussé par l'Eglise, l'interdit à Versailles !

Les grandes dates

En quelle année ont eu lieu ces événements ?

1. La Révolution.	a. 1789
2. Jean Monnet crée le Comité d'action pour les états unis d'Europe.	b. 1848
3. La première traversée de la Manche en avion par Blériot.	c. 1936
4. Les premiers congés payés (2 semaines).	d. 1909
5. Cette révolution gagne l'Allemagne, l'Autriche, la Hongrie et la Pologne.	e. 1955

I. Que s'est-il passé en l'an 800 ?

a. Charlemagne, aussi appelé *Carolus Magnus,* roi des Francs, est couronné Empereur d'Occident.

b. La première croisade pour Jérusalem commence.

Les grands hommes de l'histoire

De qui s'agit-il ?

6. La *cohabitation politique* s'est produite pour la première fois sous la présidence de

a. François Mitterrand. — b. Jacques Chirac.

7. Ce roi meurt guillotiné. C'est...

a. Louis XVIII. — b. Louis XVI.

8. Le second empereur...

a. Napoléon. — b. Napoléon III.

9. On l'appelle le Roi-Soleil. C'est...

a. Louis XIV. — b. François 1er.

10. Il libère la France en 1944, devient président de la République et domine la vie politique pendant 30 ans. C'est...

a. Charles de Gaulle. — b. André Malraux.

II. Qui est Jeanne d'Arc ?

a. Un personnage de légende.

b. Une patriote qui sauve la France.

Les inventions françaises

Est-ce que ce sont des inventions ou des découvertes françaises ?

11. La locomotive ?

a. Oui. — b. Non.

12. La photo ?

a. Oui. — b. Non.

13. Le téléphone ?

a. Oui. — b. Non.

14. L'aspirine ?

a. Oui. — b. Non.

15. La radioactivité ?

a. Oui. — b. Non.

III. La carte à puce ?

a. Oui. b. Non.

Les grandes dates du sport

16. Comment s'appelle la plus ancienne épreuve cycliste mondiale pratiquée en France ?

a. Les 24 heures du Mans. | b. Le Tour de France.

17. Un champion français de tennis a laissé son nom à une chemise. Comment s'appelle-t-il ?

a. Roland Garros. | b. René Lacoste.

18. En 1998, L'équipe française a remporté la coupe mondiale. De quel jeu s'agit-il ?

a. Le football. | b. Le ski alpin.

19. Un course de moto part de Paris et traverse l'Afrique. On l'appelle...

a. le Paris-Dakar. | b. la Course du Rhum.

20. Comment s'appelle le jeu de boules le plus populaire en France ?

a. La pelote basque. | b. La pétanque.

IV. Quel sport a pour langue officielle le français dans tous les pays ?

a. L'escrime. b. L'équitation.

Les industries traditionnelles

21. Depuis le 16ème siècle, Lyon fabrique des tissus. Il s'agit de…

a. la soie.
b. la laine.

22. Les porcelaines françaises les plus connues sont fabriquées à…

a. Limoges.
b. Reims.

23. La ville de Grasse, près de Nice, est connue pour…

a. la fabrication des parfums.
b. l'élevage des moutons.

24. Qu'est-ce qui a fait la réputation de Besançon et du Jura ?

a. Le gruyère.
b. Les montres.

25. Ils se font admirer dans les châteaux et ils sont fabriqués à la manufacture des Gobelins. Il s'agit…

a. de tapis et tapisseries.
b. de glaces et miroirs.

V. Depuis quand vend-on, en France, de l'eau minérale en bouteilles ?

a. Depuis le début du 20ème siècle.
b. Depuis le début du 18ème siècle.

Solutions

Chassez les anachronismes:

1. Napoléon n'a pas pu manger de poires Belle-Hélène. Il est mort en 1821, or ce dessert a été inventé en 1864.

2. La carte à puce a été inventée en 1986. De Gaulle était-il encore vivant à cette époque ? Nous savons qu'il est mort à 80 ans, mais en quelle année? D'après le texte, il a pris part à la Première Guerre mondiale en 1914. Il avait donc environ 20 ans. Dans ce cas, il est mort vers 1974. Nous en déduisons qu'il n'a pas eu de carte à puce. En réalité il est mort en 1970.

3. Nous ne savons pas à quelle époque Dom Pérignon a vécu. Mais le texte A dit que le champagne était connu à l'époque de Voltaire, c'est-à-dire au 18ème siècle. Nous savons, par le texte B, que les congés payés sont une mesure sociale prise en 1936. L'inventeur du champagne n'a donc pas connu les congés payés. En réalité, Dom Pérignon a vécu de 1638 à 1715.

4. Oui, Molière et sa troupe ont pu boire du chocolat. Le chocolat qui est ramené d'Amérique latine par les Espagnols est introduit en France à l'époque de Louis XIV. D'autre part on sait que Molière a joué à la cour de Louis XIV.

1.a Les Français n'acceptent plus les privilèges. Ils veulent un système républicain. Dans la Constitution, tous les hommes sont égaux.

2.e

3.d Louis Blériot traverse la Manche avec un avion d'une puissance de 20 CV et avec 10 litres d'essence.

4.c Le Front Populaire prend des mesures sociales. Quelques exemples : l'école devient obligatoire jusqu'à 14 ans ; pour les travailleurs, la semaine de travail est de 40 heures et les vacances de 2 semaines.

5.b

I.a Charlemagne est considéré par les Français comme leur premier empereur de culture « latine », tandis que les Allemands voient en lui un personnage très germanique.

6.a La cohabitation politique est la situation où le président de la République et la majorité des députés, élus à des moments différents, ne sont pas du même bord politique. La situation s'est présentée pour la première fois avec Mitterrand, de gauche, et une majorité de droite. Mitterrand a été président de 1981 à 1995.

7.b Louis XVI meurt en 1793. Son fils encore enfant, Louis XVII, aussi. Louis XVIII, frère de Louis XVI, devient roi, en

1814, au départ de Napoléon. Son gouvernement est une monarchie constitutionnelle selon le modèle anglais.

8.b Après l'abdication de Napoléon 1er, Marie-Louise d'Autriche repart à Vienne avec son fils, le futur Napoléon II. Il meurt à 21 ans.
Napoléon III instaure le Second Empire (1852-1870).

9.a Louis XIV règne plus d'un demi-siècle, de 1643 à 1715. A cette époque, le rayonnement de la France est incontestable.
François 1er (1494-1547) favorise les arts.

10.a Charles de Gaulle (1890-1970).
André Malraux (1901-1976) est un écrivain et a été ministre de la culture.

II.b Jeanne d'Arc (1412-1431) est une jeune femme qui prend la tête de troupes et délivre la France occupée par les Anglais. Elle est ensuite brûlée comme sorcière. Elle est une figure importante du nationalisme français.

11.b La locomotive est une invention anglaise mais c'est Denis Papin, un Français, qui a inventé la machine à vapeur en 1687.

12.a Nicéphore Niepce a inventé la photo en 1829.

13.b Le téléphone est une invention américaine (1876) de Graham Bell.

14.a Henri Leroux découvre la formule de l'aspirine en 1829. Mais en 1897, un chimiste allemand la redécouvre. La firme pour laquelle il travaille, Bayer, l'exploite industriellement.

15.a Pierre et Marie Curie découvrent la radioactivité. Ils reçoivent le prix Nobel de physique en 1903. Marie Curie recevra le prix Nobel de chimie en 1911.

III.a Roland Moreno, jeune autodidacte, a mis au point, en 1974, la carte à puce. On dit qu'il a financé son entreprise avec ses indemnités de licenciement.

16.b Le Tour de France a été créé en 1903. Aujourd'hui une douzaine d'équipes de 10 hommes font 4000 km en 20 étapes à une vitesse moyenne de 40km/h.
Les 24 heures du Mans sont une course automobile qui a lieu au Mans.

17.b René Lacoste a été le champion de la Coupe Davis en 1927 puis de Roland Garros de 1928 à 1932.

18.a

19.a La première course internationale Paris-Alger-Dakar a eu lieu en 1978.
La course du Rhum est une régate transatlantique.

20.b La pétanque est un jeu de boules. Le but est de placer les boules de son équipe le plus près possible du cochonnet (la petite boule).

IV.a

21.a

22.a

23.a Au Moyen Age, on élevait des moutons à Grasse et on y travaillait le cuir, ce qui ne sentait pas bon… Comme dans les environs il y avait beaucoup de fleurs, on a commencé à faire du parfum. Aujourd'hui, Grasse est la capitale du parfum.

24.b Le gruyère est une spécialité du Jura suisse.

25.a

V.a L'eau Perrier est mise en bouteilles à partir de 1903 pour être vendue dans le monde entier par un Anglais, Sir Harmsworth. La source (près de Montpellier) était déjà connue des Romains qui exploitaient ses propriétés médicales.

Comptez vos points :

	Questions à 1 point	Questions à 3 points	Résultat
Les grandes dates			
Les grands hommes			
Les inventions françaises			
Les grandes dates du sport			
Les industries traditionnelles			

Total : ___________

11. L'économie

Les mots en vrac

Travaillez en paires.
Faites des groupes avec ces mots, puis faites des phrases et expliquez-vous.

Exemple: banque – entreprise – services – emploi :

Les entreprises ont souvent besoin des services des banques, mais les banques sont un secteur où il y a de moins en moins d'emplois.

céréales   industrie   assurances   poste   agroalimentaire   forêt

nucléaire   banque   entreprise   bateaux   produits laitiers

transports   services   distribution   fournisseur   créer

vendre   chômage   augmenter   acheter   bon marché

dangereux   emploi   faire faillite   concurrence

Un pas de plus

Le pendu
Un participant pense à un mot ayant un rapport avec l'économie. Il écrit la première et la dernière lettre et indique le nombre de lettres.
Exemple : i _ _ _ _ _ _ _ e (industrie).
Les autres, en groupes, devinent les lettres qui manquent.
Si la lettre proposée est fausse, on complète le pendu par un trait.
Quand le pendu est terminé, le groupe a perdu.

Entreprises

Associez l'entreprise et son secteur.

1. **Ibis**
2. **Air France**
3. **Carrefour**
4. **L'Oréal**
5. **Evian**

a. Cosmétique
b. Hôtellerie
c. Transports
d. Distribution
e. Agroalimentaire

hotel ibis
DEAUVILLE

L'ORÉAL
PARIS

I. Qui est l'opérateur français qui a lancé, le premier, la formule de vacances club, c'est-à-dire prix tout compris ?

a. Nouvelles Frontières. b. Le Club Méditerranée.

Agriculture

6. **Sur 100 personnes qui travaillent en France, combien sont des agriculteurs ?**

a. 2 b. 10

7. **La France exporte principalement vins, céréales, produits laitiers, viande.**

a. Vrai. b. Faux.

8. **Les industries agroalimentaires sont le deuxième secteur français.**

a. Vrai. b. Faux.

9. **Les forêts recouvrent…**

a. 10% de la France. b. le quart de la France.

10. **La France exporte des machines agricoles.**

a. Vrai. b. Faux.

II. **La France est la deuxième puissance agricole du monde après les Etats-Unis.**

a. Vrai. b. Faux.

Industrie

11. Sur 100 personnes qui travaillent en France, combien sont employées dans l'industrie ?

a. Plus du tiers.

b. Moins du quart.

12. La majorité des entreprises industrielles emploient moins de 20 salariés.

a. Vrai.

b. Faux.

13. Quel est le secteur français le plus performant dans le monde ?

a. Le nucléaire.

b. L'automobile.

14. L'industrie française du luxe est-elle un mythe ? La France exporte...

a. le quart de sa production de parfums.

b. 80% de sa production de parfums.

15. St-Gobain et Rhône-Poulenc sont des industries françaises.

a. Vrai.

b. Faux.

III. L'entreprise Michelin est...

a. le premier fabricant de pneus du monde.

b. le premier fabricant de pneus d'Europe.

Echanges, résultats

16. Le pays qui achète le plus à la France est…

a. l'Allemagne. — b. le Maroc.

17. Le pays qui vend le plus à la France est…

a. les Etats-Unis. — b. l'Allemagne.

18. La France exporte des locomotives et des bateaux de croisières.

a. Vrai. — b. Faux.

19. Quelle entreprise est le plus grand employeur (l'Etat mis à part) ?

a. La Poste. — b. La SNCF.

20. Le chômage est d'environ…

a. 13%. — b. 9%.

IV. Qu'appelle-t-on un boursicoteur ?

a. Un courtier en Bourse. — b. Un spéculateur en Bourse.

Le jargon de l'économie : les sigles

21. Comment s'appelle la société française, premier producteur d'électricité en Europe ?

a. EDF. | b. GDF.

22. Comment appelle-t-on une société anonyme ?

a. Une SARL. | b. Une SA.

23. Comment s'appelle la taxe sur tout achat ou service ?

a. La TVA. | b. La patente.

24. Comment s'appelle le bureau représentant le commerce et l'industrie d'une ville ou d'une région ?

a. La CCI. | b. Le BCI.

25. Comment appelle-t-on les petites et moyennes entreprises ?

a. Les PMI. | b. Les PME.

V. Qu'appelle-t-on le/la VPC ?

a. Le secteur vente, produit, commerce.

b. La vente par correspondance.

Solutions

1.b
2.c
3.d
4.a
5.e

I.b Le Club Méditerranée, créé en 1950, est à l'origine un village de vacances aux Baléares. Le prix du séjour, très avantageux, comprend même les sports. Les participants dorment sous des tentes. On se tutoie, les relations sont décontractées. Le succès est immédiat.
Quelques années plus tard, le confort s'installe et les prix s'envolent ! Aujourd'hui, le Club possède environ 120 villages.
Nouvelles Frontières a été créé en 1967.

6.a
7.a
8.a Industries agroalimentaires : les conserves (Bonduelle), les surgelés, les yaourts (Danone), les boissons, vins, eaux minérales (Evian, Perrier, Vittel, etc.)
9.b La forêt couvre 15 millions d'hectares. C'est la troisième forêt européenne après la Suède et la Finlande (pour le taux de boisement).
10.a Renault fabrique et exporte aussi des tracteurs.

II.a

11.b
12.a 85% des entreprises industrielles emploient moins de 20 salariés.
13.b
14.b LVMH (Louis Vuitton-Moët-Hennessy), qui regroupe champagnes (Moët et Chandon, Veuve Cliquot), alcools, haute couture et prêt-à-porter (Givenchy, Christian Lacroix, Kenzo) et parfums (Christian Dior) se place dans les 15 meilleures entreprises françaises.
15.a St-Gobain (matériaux) et Rhône-Poulenc (chimie) sont considérées comme les premières entreprises pour leur secteur.

III.a

16.a Les recettes étrangères les plus importantes viennent de l'Allemagne. Elles représentent 15% du total.
17.b
18.a La France exporte aussi des avions, des voitures, des machines, des produits de luxe, des armes.
19.a La Poste emploie plus de 300 000 personnes en France.
20.b

IV.b

21.a EDF : Electricité de France
GDF : Gaz de France

22.b SA : société anonyme
SARL : société à responsabilité limitée

23.a TVA : taxe à la valeur ajoutée

24.a CCI : chambre de commerce de d'industrie
L'origine des Chambres de Commerce et d'Industrie remonte au 17ème siècle.

25.b PMI : Petites et moyennes industries
PME : Petites et moyennes entreprises

V.b

Comptez vos points :

	Questions à 1 point	Questions à 3 points	Résultat
Entreprises			
Agriculture			
Industrie			
Echanges, résultats			
Sigles			

Total : ____________

12. La Francophonie

A quoi pensez-vous ?

Travaillez en groupes. Chaque groupe pense à un pays francophone et cherche 7 mots évoquant ce pays. A partir de ces mots, les autres doivent deviner de quel pays il s'agit. On donne les mots un à un en commençant par les noms, puis les adjectifs, et si c'est nécessaire les noms propres.

Tozeur (Tunisie)

Plage près de Djerba

Un pas de plus

Vous avez envie de plages sous les cocotiers ? Ou bien de neige à perte de vue ? En petits groupes de 3 ou 4 personnes, choisissez une destination francophone et organisez votre voyage.
Qu'est-ce qui vous intéresse ? Les paysages ? La culture ? Ou bien les sports ?
Aidez-vous d'une encyclopédie puis parlez aux autres de vos projets.

Les pays francophones

Chassez l'intrus.

1. **Quels sont les 7 régions ou pays européens où l'on parle français ?**

L'Andorre, la Belgique, la France, Jersey, le Luxembourg, Monaco, la Suisse, le Val d'Aoste.

2. **Quels sont les 3 pays francophones du Maghreb ?**

L'Algérie, le Maroc, la Libye, la Tunisie.

3. **Quels pays du Proche et Moyen-Orient sont francophones ?**

Le Liban, la Syrie, la Jordanie.

4. **Dans quelles îles de l'océan Indien parle-t-on français ?**

A l'île Maurice, à Madagascar, aux Seychelles, à Sri Lanka.

5. **Où le français est-il parlé en Amérique ?**

Aux Antilles, aux Bahamas, en Guyane, en Haïti, en Louisiane, au Québec.

I. **Parmi ces villes, lesquelles ne se trouvent pas en France ?**

Baton Rouge, Libreville, Port-au-Prince, Port-Louis, St-Félicien, Villefranche.

200 millions de francophones

6. La population francophone se trouve principalement…

a. en Europe. | b. en Afrique.

7. Qui parle français en Afrique ?

a. 10% de la population. | b. 60% de la population.

8. Au Québec, le français est…

a. la langue officielle et maternelle. | b. la langue maternelle.

9. Qui parle français en Belgique ?

a. Les Wallons. | b. Les Flamands.

10. A Bruxelles on parle principalement le français.

a. Vrai. | b. Faux.

II. Y a-t-il des francophones dans le Pacifique ?

a. Oui, à Tahiti et à Nouméa. b. Oui, aux îles Fidji.

Le français dans le monde

11. Il y a, en France, un ministre de la Francophonie.

a. Vrai.

b. Faux.

12. Dans quel but sont organisés tous les 2 ans, les sommets francophones ?

a. Pour protéger la langue française et vérifier les règles établies par l'Académie française.

b. Pour apporter une aide technique et économique et encourager l'usage du français dans le monde.

13. Y a-t-il des médias francophones à l'échelle mondiale ?

a. Oui, un hebdomadaire, *Le francophone.*

b. Oui, une télévision, TV5.

14. Quel écrivain étranger a choisi d'écrire en français ?

a. Ionesco.

b. Marguerite Duras.

15. Dans quel pays d'Asie a été fondée par des Français, en 1968, une cité idéale, Auroville ?

a. En Inde, dans un ancien comptoir français.

b. Au Viêtnam.

III. Le français est plus parlé dans le monde que l'espagnol.

a. Vrai.

b. Faux.

Expressions en français des quatre coins du monde

Associez avec l'expression française de France !

16. « Magasiner », au Québec.
17. « Aller à la cour », en Belgique.
18. « Faire un petit clopet », en Suisse.
19. « Farcer », en Afrique.
20. « Une essencerie », au Sénégal.

a. Aller aux toilettes
b. Faire des courses
c. Faire une plaisanterie
d. Une station-service
e. Faire la sieste

IV. Qu'est-ce que le créole ?

a. Une jupe très large avec un grand volant.

b. Une langue formée de français et de mots dits indigènes.

La gastronomie – échanges d'un autre type

21. Le plat préféré des Français est une spécialité d'Afrique du Nord. Qu'est-ce que c'est ?

a. Le pili-pili.

b. Le couscous.

22. Les Français ont apporté en Afrique du Nord de nouvelles cultures. Qu'est-ce que les pays du Maghreb ont développé et qu'une grande partie de la population ne boit pas pour des motifs religieux ?

a. Le vin.

b. La bière.

23. Les Alpes suisses et les Alpes françaises produisent beaucoup de lait et de fromages (gruyère, emmental). Quelle est leur spécialité gastronomique commune ?

a. La raclette.

b. Le chocolat.

24. Quelle est une des spécialités de la Nouvelle-Orléans (Louisiane) ?

a. La tarte aux bleuets.

b. Le café au lait et les beignets.

25. Dans quel pays francophone asiatique la cuisine n'a-t-elle reçu aucune influence française ?

a. En Inde, dans les anciens comptoirs français.

b. Au Viêtnam.

V. Le punch (fait de sucre de canne et rhum blanc) est une spécialité…

a. des Antilles.

b. d'Afrique noire.

Solutions

1. Jersey est une île anglophone.
2. La Libye ne fait pas partie du Maghreb.
3. En Jordanie, la langue officielle est l'arabe.
4. Sri Lanka (en cinghalais) ou Ceylan.
5. Les Bahamas est un archipel où la langue officielle est l'anglais.

I. Baton Rouge est en Lousiane. Libreville, au Gabon. Port-au-Prince, en Haïti. Port Louis, à l'île Maurice. St-Félicien, au Québec.
Villefranche se trouve en France, sur la côte d'Azur, près de Cannes.

6.b 75% de la population francophone se trouve en Afrique, 21% en Europe, 4% en Amérique.

7.a En Afrique Noire, le français est principalement appris à l'école.

8.a Au Canada, le français est une des langues officielles avec l'anglais.

9.a

10.a 85% de la population de Bruxelles serait francophone.

II.a C'est-à-dire en Polynésie et en Nouvelle-Calédonie.

11.b Il y a un secrétaire d'Etat chargé de la Francophonie. Il est rattaché au Premier ministre.

12.b

13.b

14.a Ionesco est roumain.
Autres étrangers qui ont choisi d'écrire en français : Samuel Beckett, irlandais ; Andreï Makine (prix Goncourt), russe ; A. Maalouf (prix Goncourt), libanais.

15.a Cette cité, près de Pondichéry, est un des centres spirituels de l'Inde.

III.b L'espagnol est parlé par 403 millions de personnes, le portugais par 261 millions et le français par 231 millions.

16.b

17.a

18.e

19.c

20.d

IV.b Les langues formées à partir de l'espagnol ou du portugais ou du néerlandais et de mots indigènes sont des créoles espagnol, portugais, néerlandais.

21.b Le couscous est de la semoule de blé cuite à la vapeur. On le sert avec une viande, mouton ou poulet, mais jamais de porc interdit par la religion. Des légumes et une sauce très forte, le harissa, l'accompagnent. Son nom aurait pour origine l'onomatopée du bruit de la vapeur « kes… kes » s'échappant du couscoussier.

22.a La population d'Afrique du nord, principalement musulmane, ne boit pas d'alcool.

23.a

24.b Dans le French Quarter de la Nouvelle-Orléans. La tarte ou le gâteau aux bleuets est une spécialité du Québec. Les bleuets sont des myrtilles.

25.b

V.a

Comptez vos points :

	Questions à 1 point	Questions à 3 points	Résultat
Les pays francophones			
200 millions de francophones			
Le français dans le monde			
Expressions en français			
La gastronomie			

Total : ____________

Questions pour un champion !

Quatre questions à 5 points

I. Comment s'appelle la mer qui se trouve dans les Alpes ?

a. La Mer de glace. | b. La Mer blanche.

II. Dans quelles montagnes trouve-t-on des cirques ?

a. Dans les Pyrénées. | b. Dans le Jura.

III. Qu'appelle-t-on en Bretagne un pardon ?

a. Un gâteau. | b. Une fête religieuse.

IV. Quelle île appelle-t-on l'île de beauté ?

a. L'île de la Cité à Paris. | b. La Corse.

Solutions

I.a La Mer de glace, à Chamonix, est un glacier.

II.a Les cirques se trouvent dans les Pyrénées. Ils forment des paysages qui ressemblent à des amphithéâtres. Ils sont d'origine glaciaire.

III.b Les pardons, en Bretagne, sont des fêtes religieuses aujourd'hui devenues touristiques.

IV.b

Résultats

Comptez vos points :

	Points
1. La France	
2. Les régions	
3. La République française	
4. La société	
5. Le tourisme	
6. La cuisine	
7. Les fêtes, traditions et usages	
8. La littérature	
9. Les arts	
10. L'histoire	
11. L'économie	
12. La Francophonie	
Questions pour un champion	

Total : ____________

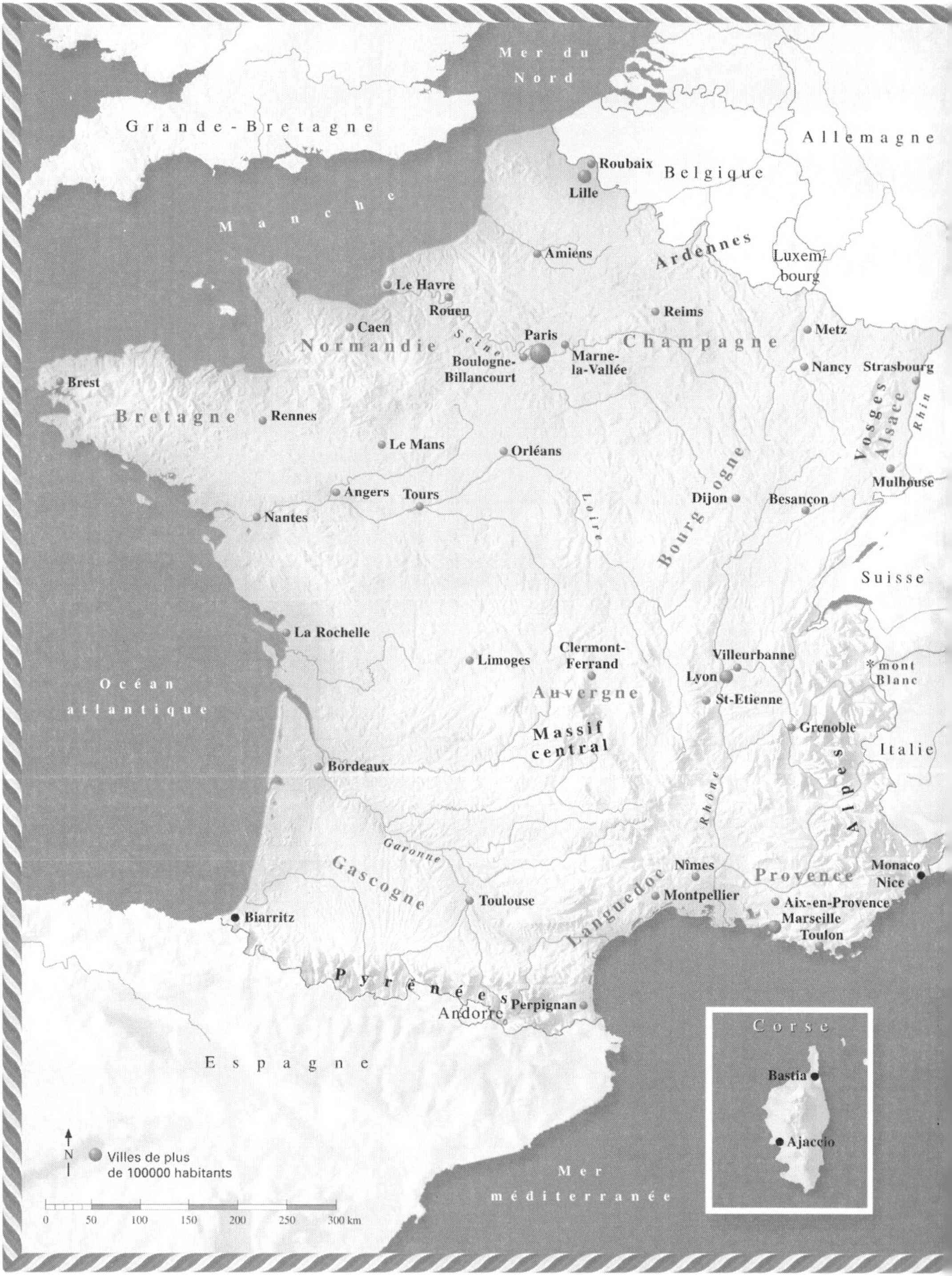

Mer du Nord
Grande-Bretagne
Allemagne
Roubaix
Belgique
Lille
Manche
Amiens
Ardennes
Luxembourg
Le Havre
Rouen
Reims
Caen
Metz
Seine
Paris
Normandie
Champagne
Boulogne-Billancourt
Marne-la-Vallée
Nancy
Strasbourg
Brest
Vosges
Alsace
Rhin
Bretagne
Rennes
Le Mans
Orléans
Bourgogne
Mulhouse
Angers
Tours
Dijon
Besançon
Loire
Nantes
Suisse
La Rochelle
Clermont-Ferrand
Villeurbanne
Limoges
mont Blanc
Océan atlantique
Lyon
Auvergne
St-Etienne
Massif central
Grenoble
Italie
Bordeaux
Alpes
Rhône
Garonne
Gascogne
Nîmes
Provence
Monaco
Nice
Montpellier
Languedoc
Toulouse
Aix-en-Provence
Biarritz
Marseille
Toulon
Pyrénées
Perpignan
Andorre
Corse
Espagne
Bastia
Ajaccio
N
Villes de plus de 100000 habitants
Mer méditerranée
0
50
100
150
200
250
300 km